THE ZURICH AXIOMS

The Rules of Risk and Reward Used by Generations of Swiss Bankers

Max Gunther

マネーの公理

スイスの銀行家に学ぶ
儲けのルール

マックス・ギュンター

林 康史＝監訳　石川由美子＝訳

日経BP社

マネーの公理

スイスの銀行家に学ぶ儲けのルール

マネーの公理
スイスの銀行家に学ぶ儲けのルール

目次

Introduction

はじめに

公理とは何か、どこからきたのか

スイスの謎《パズル》を考えてみよう。私の先祖伝来の土地は、米国メイン州の約半分の大きさにすぎない岩だらけの場所である。海には面していない。地球上で最も鉱物資源に乏しい場所。埋蔵する石油は一滴もなく、かろうじて耳掻きで掬《すく》うほどの石炭があるくらいのものだ。農業を営むには、天候が厳しく、土地は荒れており、何を育てるにも適さない。

三〇〇年間、欧州の戦争とは距離を置いてきた。この間、この土地を欲しいと思う侵略者が誰もいなかったからだ。

しかし、スイス人は世界で最も繁栄した人々である。一人当たりの所得は米国、ドイツ、日本と並ぶ。スイス・フランは、世界で最も安全でリスクが低い通貨の一つである。

スイス人は、どうやって現在の地位を築いたのだろうか。

世界で最も賢い投資家、投機家、ギャンブラーとして、それを手に入れたのだ。

本書は、賭けて勝つための本である。

こういうと、万人向けの本のように聞こえるかもしれないが、そうではない。誰もが勝ちたいと考えているけれども、誰もが賭けたいと考えているわけではない。そこに決定的な違いがある。

おそらく、ほとんどの人は賭けることなく勝ちたいと考えている。当然のことであり、非難することはできない。実際に、古めかしい仕事至上主義は、われわれにそう行動させてきた。われわれは、リスクをとるのは愚かなことだと教えられてきた。分別のある人々は、自らが存在するための基本条件が脅かされない限り、賭けをしない。元気で充実した人生とは、身を粉にして働く人生である。籠の中の鳥のように、おそらくはつまらないが、安全ではある。

一方で、誰もがトレードオフを理解している。もしも、信条として賭け事に対する偏見を持っているなら、本書は役立つものではないだろう――その信条を、本書が変えることがなければ。

しかし、もしもスイス人のように合理的にリスクをとることを厭わないのであれば、あるいは、リスクを楽しめるのであればと言うべきかもしれないが、本書は役に立つ本である。本書で紹介するマネーについての約束事「チューリッヒの公理」は、すべてリスクとそのマネジメントに関するものである。相応の勤勉さをもってこの公理を学べば、かつて想像したこともないほど、賭けに勝つことができるようになるだろう。

慎重に言葉を選ぶのはやめよう。公理があなたを金持ちにする。

本書は、最も広い意味での「賭け」についての本である。なかでも株式市場についての記述が頻繁に出てくるが、それは、私のこれまでの経験のほとんどが、株式市場での経験だからである。しかし、この本は、あの偉大な夢のスーパーマーケット（株式市場）に限ったものではない。公理は、商品や貴金属の取引、芸術やアンティークへの投機、不動産投機、日々の事業の丁々発止のやりとり、カジノやテーブルを囲んでのギャンブルにも応用できる。要するに、公理は、より多くのお金を得るためにリスクをとって賭けをする、あらゆる状況に応用できる。

大人なら誰もが知っているように、人生はすべてギャンブルである。おそらくほとんどの人々は、この事実に不満であるし、どうしたらできるだけ賭けをしないで済むかを考えながら人生を過ごす。しかし、一部の人々は反対の道を選ぶ。スイス人がそうだ。

スイスのすべての人々と言うと大げさだが、かなりのスイス人にこの傾向が見られるので、おおむねスイス国民の特性として一般化できる。スイス人は、暗い部屋の中に座って神経質そうに爪を噛むことによって、世界的な銀行家になったのではない。彼らは、真正面からリスクに向かい、それをどう管理するかを考えることによって、世界的な銀行家になったのだ。

スイスは山の中にある。スイス人はそこから世界中を見渡し、世界がリスクに満ちていることを知っている。スイス人は、自分の個人的なリスクを最小限に抑えられることを知っている。しかし、そうすれば、群集の中に埋没したくないという希望を捨てることになることも知っている。

人生において、富であれ、個人の名声であれ、利益として定義できるものを増やすためには、自分の所有物や精神的な満足感をリスクにさらさねばならない。お金、時間、愛、何につけ、誓いを立てなければならない。それが非情な法則なのだ。まったくの偶然を除いて、それを回避することはできない。地球上のいかなる生物も、この非情な法則に従うことを免除されることはない。蝶になるために、毛虫は太く成長しなければならない、太く成長するために、鳥たちがいる場所へも危険を承知で出かけなければならない。不平を言ってもしかたがない。これが法則なのだ。

スイス人は、こうした事実をすべてを観察し、人生を生きる賢明な方法はリスクを回避することではなく、自らをあえてリスクにさらすことであるという結論に達した。ゲームに参加するには賭けること。しかし、毛虫の愚かな方法ではなく、配慮と思考をもって賭けるのだ。大きな損失ではなく、大きな利益が期待できるような方法で。賭けて、そして勝つのである。

そんなことが可能だろうか。そう、可能である。それを実行するための法則がある。「法則」というと、機械的な行為や選択肢の欠如を思い起こさせてしまうので、「哲学」という方が適切かもしれない。この法則、あるいは哲学は、リスクに立ち向かうための奥深く、神秘的な一二のルール、いわゆるチューリッヒの公理によって構成されている。

警告しておくが、これらの公理は、最初にそれに遭遇したときには少なからず衝撃的である。投資顧問のアドバイスのようなものとはまったく異なる。むしろ、投資顧問業界で使われてきた常套句とは相反するものである。

最も成功したスイスの投機家は、使い古されたような投資助言にはあまり注意を払わない。彼らにはもっと良い方法がある。

チューリッヒの公理という言葉は、第二次世界大戦後にウォール街に集結し、株式市場や商品取引に参加したスイス人投機家たちのクラブから生まれた。私の父は、このクラブの発起人の一人だった。これは正式なクラブではなく、規約条項や会費、会員リストなどは存在しなかった。単に、お互いに好意を持ち、金持ちになりたいと思い、「給与で金持ちになった人はいない」という信念を分かち合った男女の集まりにすぎなかった。彼らは、オスカーズ・デルモニコをはじめとするウォール街の社交場で不定期に会った。会合は一九五〇年代、六〇年代、七〇年代を通して続いた。

彼らは多くのことを話題にしたが、なかでもリスクについて語り合うことが多かった。チューリッヒの公理の成文化は、私が父に質問をして、それに父が答えられなかったことがきっかけになって始まった。

父はスイスの銀行家で、チューリッヒで生まれ育った。出生証明書に記載されているクリスチャンネームはフランツ・ハインリッヒだが、米国ではフランク・ヘンリーと呼ばれた。数年前に父が亡くなったとき、新聞の訃報欄は、彼がチューリッヒの巨大金融機関スイス・バンク・コーポレーションとして知られているシュワイザー・バンクのニューヨーク支店長だった事実を強調した。もちろん、この仕事は父にとって重要なものだったが、本当に自分にとって大事なものが何か、父が私に話してくれたことがある。その一言は、父の墓石に彫りこまれた。

「彼は賭け、そして勝った」

父フランク・ヘンリーと私は、私が高校生の頃から投機について話すようになった。父は、私の成績表を見て、高校のカリキュラムは不完全なものだと不満をもらした。「学校は、おまえにとって一番大切なことをまったく教えていない」と父は言った。「それは投機だ。いかにリスクをとって勝つか。投機の方法も知らずに米国で育っている少年なんて、まるでショベルを持たずに金鉱にいるようなものじゃないか」

そして、私が大学生になり、陸軍に入って、将来のキャリアを選択しようとしていると、父は言った。「給与だけで考えるな。給与では決して金持ちにはなれない。だから多くの人々が給与をもらって貧しくなるのだ。自分のために、何かほかのものを持たなければいけない。おまえに必要なのは投機だ、投機が必要なのだ」

典型的なスイス人の言葉だった。私は、自分の教育の一環として、その言葉を吸収した。それまでの給与とポーカーの儲け数百ドルを手にして陸軍を除隊したとき、私は父の助言に従い、彼が最も軽蔑する銀行には行かなかった。私は、お金を株式市場に投資した。勝ったり負けたりしたが、結局、お金は投資を始めた頃と同じままだった。

一方、父は、同じ株式市場で楽しい時間を過ごしていた。ほかの投機家とともに、非常に思惑的な動きをするカナダのウラニウム鉱山関連株で大金を儲けた。

「どうして?」私は、少々むっとして父に聞いた。「ぼくは手堅く投資して、何の利益も得られなかった。お父さんは、わけのわからない株を買って金持ちになった。ぼくが知らないことが何かあるのですか?」

「どうやって投機するのか、わかっていなければならないのだ」

「それを教えてください」

父は私をじっと見つめ、困惑した素振りを見せた。

後になってわかったのだが、父がこのとき考えていたのは、自分が生涯にわたって吸収してきた投機のルールだった。投機のルールは、スイスの銀行界や投機筋の仲間うちで暗黙のうちに了解されていたものの、明確に表現されることはほとんどなかった。父は一七歳で事務員の見習いとして最初の仕事に就いて以来、スイスの金融業界のなかで生きてきた。そのため、投機のルールは父の体に染みついていたはずだ。しかし、そんな父でも、そうしたルールを具体的な言葉に置き換え、私に説明することはできなかった。

父は、ウォール街にいるスイス人の友人に、ルールについて聞いてみた。友人も、ルールが何であるのかを正確には知らなかった。

そのとき以来、頭の中でルールを分類し、解明することが彼らの仕事になった。最初のうちはゲームにすぎなかったが、年が経つにつれ、より真剣な仕事に変わっていった。重要な取引に直面したときには、ポジションの取り方について自問したり、お互いに質問し合ったりすることが習慣となっていった。「なぜ、いま君は金を買っているのだ?」「他人が皆この銘柄を買っているときに、君はなぜ売ったんだ?」「あれじゃなくてこれをしているのはなぜ?」彼らは、自分たちのポジションに導いた思考を明確に言葉で言い表すよう、互いに強く求めた。

ルールのリストが徐々に生み出されていった。時が経つにつれ、それは、より短く、より鋭く、より整然としたものになっていった。誰が「チューリッヒの公理」という言葉を作ったのかは誰も覚えていないが、ルールはこの名前で知られるようになり、いまでもそう呼ばれている。

チューリッヒの公理は、それ以来ほとんど変わっていない。新たに生まれたものもない。誰もが知る限り、それは最終的な形として、一二の重要な公理と一六の副公理から成っている。

これらの公理の価値は、私にとって計り知れないものだ。勉強するたびに、ますます重要なものになる——真実であるという確かな手応えがある。第二、第三の重層的で深みのある意味を持ち、いくらか冷淡かつ実利的で、神秘的でもある。投機の哲学というだけでなく、人生の成功にとっての道しるべでもある。

そして、チューリッヒの公理は、多くの人々を金持ちにしてきた。

The First Major Axiom
On Risk

第一の公理
リスクについて

心配は病気ではなく健康の証である。
もし心配なことがないなら、
十分なリスクをとっていないということだ。

何年も前に大学を卒業した、二人の若い女性がいた。二人は友人同士で、ともに成功を求めてウォール街に行き、さまざまな仕事をしてきた。やがて二人は、大手の証券会社E・F・ハットン社の従業員となった。そこで二人は、ジェラルド・M・ロブに出会った。ロブは数年前に亡くなったが、ウォール街において最も尊敬された投資アドバイザーの一人だった。この禿頭で愛想の良い男は、一九三〇年代の地獄のような弱気相場と、第二次大戦後の驚くべき強気相場を生き抜いた。彼は、終始一貫して冷静だった。生まれは貧しかったが、亡くなったときは金持ちだった。彼の著書『投資サバイバルのための闘い』は、古今を通じて最も人気のある相場の手引である。ロブは生まれつき話し上手で、この本もたいへんおもしろく読める。

ロブはある晩、アメリカン証券取引所の近くのレストランで夕食をしながら、父と私に、若い女性たちについての話をした。リスクに関して、彼が重要だと考えることを語ってくれたのだ。

若い女性たちは、二人とも少し恥ずかしそうに、ロブに投資助言を求めに来た。二人は別々に彼に近づいたが、彼は二人が仲の良い友人同士であることを知っていたし、二人が情報交換していることは明らかだった。最初の段階では、二人の資産状況は同じようなものだった。二人とも、約束されたキャリアの第一歩を踏み出したところで、給与も地位も徐々に上がっていった。二人の給与は、最低限の生活必需品を賄う以上に増え始めていた。毎年の税務申告を終えた後でも、二人には多少の余裕資金があった。金額は大きくなかったが、運用を検討するには十分だったし、将来はもっと増えることが約束されていた。二人がジェラルド・ロブに聞きたがったのは、そのお金をどう運用すべきかということだった。

彼のお気に入りの軽食店《スナックショップ》でトーストと紅茶をとりながら、父親のようなロブは、彼女たちにトレードオフについて説明しようとしていた。しかし、二人とも、すでに決心しているらしいことがすぐにわかった。彼女たちはロブに、ただ確認したいだけだったのだ。

この話をしながら、ロブはいたずらっぽく、一人を「慎重なシルヴィア」、もう一人を「大胆なメアリー」とあだ名をつけた。シルヴィアがお金について望んでいたのは、完全に安全な避難場所を見つけることだった。彼女は、リターンが保証されており、元本が確保されたうえで利息を生む銀行預金のような積立口座にお金を預けたかった。一方、メアリーは、わずかばかりの資本がまとまった金額に育つように、多少のリスクをとることを望んだ。

二人はそれぞれに戦略を実行した。一年後、シルヴィアの資本は損なわれることなく、利息分が増加しており、彼女は安全の心地よさを感じていた。一方、メアリーは痛手をこうむっていた。彼女は、嵐のような相場で勝負に負けていた。持ち株の価値は、購入してから約二五パーセント下落していた。

シルヴィアは大人だったので得意にはならなかったけれど、恐怖を覚えたようだった。彼女は友人の不幸を知ると「ひどい」と言った。「お金を四分の一も失ったなんて！」

時々、彼らは三人で昼食をとった。あるとき、ロブはメアリーを観察していた。シルヴィアの同情に対するメアリーの反応を待っていた。彼は、メアリーの早い段階での損失が、多くの新参の投機家がそうであるように、彼女のやる気をそぎ、彼女がゲームを降りてしまうのではないかと心配して、残念そうな表情でこう言った。「新参者の多くは一瞬のうちに大きな勝者になることを期待する。最初の年に資金を三倍にできないと、甘やかされた子供のように、すねて立ち去ってしまう」と。

しかし、メアリーは資質を持っていた。彼女は微笑み、落ち着いていた。「ええ、損を出したのは事実だわ。でも、私が得たものも見てほしいわ」。彼女は、テーブルの向こう側にいる友人のほうに身を乗り出して言った。「シルヴィア、私は冒険しているのよ」

ほとんどの人は、まるで世界で最も重要なもののように、安全をつかもうとする。安全は引く手あまたのようだ。安全は、冬の夜の暖かいベッドの中にいるような、あの心地よい、どっぷり漬かったような感覚を与えてくれる。それは安堵感をもたらす。

最近の多くの精神科医や心理学者は、それを良いことだと考えている。精神的な健康とは何にも増して穏やかであることを意味しているというのが、近代心理学の前提なのである。この検証されていない前提は、何十年にもわたり、精神科医の思考を支配してきた。かつてデール・カーネギーが著した『道は開ける』は、この定説に関して書かれた本であり、後にハーバート・ベンソンらが出版した『リラクセーション反応』も、この定説について記述している。心配は害を及ぼし、精神科医はわれわれを安心させる。この一文が正しいことを示す信頼できる証拠は何もないのだが、人々の勝手な独断を通して、真実として受け入れられるようになった。

なかでも東洋の規律のように、神秘的で瞑想的な規律の心酔者は、静寂にさらに踏み込んでいる。彼らは安堵を非常に重視するので、多くの場合、その代わりに貧困になっても仕方がないとさえ思っている。たとえば、仏教のいくつかの宗派は、人は物欲を持つべきでなく、所有しているものを他人に分け与えるべきだと考える。理屈は持たなければ持たないほど、心配の種が少なくてすむということだ。

チューリッヒの公理の背後にある哲学は、もちろん、この正反対にある。心配から解放されるのは、ある意味では良いことだ。しかし、有能なスイスの投機家なら誰もが、人生のゴールが心配から逃れることなら、貧困から抜け出すことはできないと言うだろう。

あなたはうんざりするかもしれない。けれども人生は、ただ座していてはいけない、冒険すべきだ。冒険は、危険に直面して、それを乗り越えようとすることだ。危険に直面しているとき、あなたの自然で健康的な状態は、心配事を抱えていることだろう。

心配は、人生の最大の喜びと切り離すことができない。たとえば、恋愛のように。もし、何かに責任を持つことや、リスクをとることを恐れていれば、恋に落ちることはない。あなたの人生は、潮溜まりのように穏やかなものとなるだろうが、そんな人生を誰が望むだろう。もう一つの例は、スポーツだ。スポーツ・イベントでは、選手たちが意図的に自分を危険にさらし、それを観客が自分のことのように心配する。観客にとっては小さな冒険だが、アスリートにとっては大きな冒険である。これは、慎重に創造されたリスクのケースだ。われわれは、自分がある程度のリスクや心配にさらされないのであれば、スポーツ・イベントなどの競技に参加しようとは思わない。われわれにとって冒険は必要なのだ。

もちろん、われわれには平穏な時間も必要だ。しかし、夜眠っている間は十分に安らかな時間を得ているし、起きている間でも、毎日二、三時間は平静な時間を過ごしているだろう。そんな平穏な時間は、二四時間のうち八時間や一〇時間もあれば十分である。

シグムンド・フロイトは、冒険が必要であることを理解していた。フロイトは人生の目的についいては混乱していて、この話題になると、支離滅裂になる傾向があったが、人生の目的は安らぎを得ることであるという疑わしい信念を心に抱くことはなかった。多くの彼の信奉者とは異なり、彼は、静寂を究めようとするヨガやそのほかの東洋の宗教を冷ややかに見ていた。ヨガでは、目的は、ほかのすべてのものを犠牲にして内なる平穏に達成することである。フロイトが『文化への不満』の中で書いているように、そのような境地を究めた人は誰もが、人生を犠牲にしていた。いったい何のために？　ただ「静寂の幸福感に達したにすぎない」のに。

高い買物のようだ。

＊＊＊

冒険は、人生を生きる価値のあるものにする。そして、冒険したいのであれば自分をリスクにさらすことだ。

ジェラルド・ロブは、このことを知っていた。だから、彼は、お金を銀行口座に預けるという慎重なシルヴィアの決定には拍手ができなかった。金利が比較的高いときでさえ、どんな報いがあるというのだ？　年初に銀行に一〇〇ドル預ける。年末に、銀行は一〇九ドルを返してくれる。たいしたものだ。でも、何てつまらないことだろう。

西側の先進工業国では、有名な銀行であれば一〇〇ドルの安全性はほぼ保証されている。大きな経済危機が起こらなければ、あなたは何も失わないだろう。銀行は一年の間には金利を下げるかもしれないが、少なくとも、銀行が一〇〇ドルの元手以下の金額をあなたに返すことはない。でも、何がおもしろいのか？　興奮？　情熱？　どこにブラスバンドがいるのだ？

金持ちになるという希望はどこにある？

その九ドルの利息収入には税金がかかる。税引き後に手元に残るものは、おそらく、あなたをインフレ・リスクからは守ってくれるだろう。しかしこの方法では、あなたの財産に何ら変化がもたらされることはあるまい。

給与や賃金収入でも金持ちになることはない。不可能だ。世界の経済構造は、あなたに不利になるようにできている。生活を支える柱として仕事からの収入に依存しているのなら、人生においてせいぜい食べ物のために物乞いをしなくてすむという希望を持てるくらいだろう。それさえも、保証されているわけではない。

奇妙にも、大多数の人々は、主に仕事からの収入に頼って生活しており、予備として預金をしている。とりわけ米国の中産階級は、教育や社会的条件によって、こうした習慣に従うことを余儀なくされる。このことにフランク・ヘンリーは苛立ちを覚える。子供は逃げ出すことができない、と彼は不満をもらした。教師、両親、生徒指導員、そして誰もが、子供に繰り返し、うるさく言っている。「宿題をしろ。でないと、いい仕事に就けないぞ」。いい仕事、これは、誰の野心においても重要なことであるようだ。しかし、いい投機家というのはどうだろう。なぜ、投機について子供に話さないのだろうか。

私は子供の頃、投機について多くを聞いた。フランク・ヘンリーの経験に基づいた法則は、人の資産づくりに向けるエネルギーのうち半分だけが、仕事から所得を得ることに充てられるべきだというものだ。残りの半分は投資や投機に回されるべきだ。

冷たい真実がここにある。裕福な親戚がいない限り、大多数を占める貧乏人クラスから這い上がる唯一の方法――あなたにとっては絶対唯一の希望――はリスクをとることである。

もちろん、それは一方向ではない。リスクをとることは、利益の可能性ばかりでなく損失の可能性も意味している。もし、自分のお金で投機を行なえば、損失をこうむる立場にもなる。金持ちになる代わりに、貧乏に終わるかもしれない。

しかし、こう考えてみてはどうだろう。世界のすべてを背負いながら、税金に追われ、インフレに翻弄されていては、給与所得者の財産はかなりみじめなものと言わざるをえない。金持ちになろうとして多少いまより貧乏になったからといって、どれだけ違いがあるだろうか。

チューリッヒの公理を身につけていなかったからといって、これ以上貧乏になることはないだろう。けれども、もしも公理を身につけていれば、いまよりかなり金持ちになることができるはずだ。下がるより、上がる余地がもっとある。何が起ころうとも、冒険することを望むだろう。期待できる利益のほうが損失よりもかなり大きいのだから、ゲームはあなたに有利にできている。

ジェラルド・ロブの二人の友人であるシルヴィアとメアリーの話は、何が起こりうるかを示している。最後に彼女たちについて聞いたとき、彼女たちは五〇代半ばだった。二人とも結婚して、離婚を経験していた。そして、二人とも、最初にスタートしたときにロブに話したのと同じ方法で、資産を運用し続けていた。

シルヴィアはすべての余裕資金を普通預金、定期預金、地方自治体の債券、そのほかの安全な逃避先に入れていた。債券は、約束されたほど安全ではなく、一九七〇年代に金利が大幅に上昇したとき、資産価値はかなり損なわれた。彼女の普通預金や定期預金は、元本を維持したものの、予想外の二桁のインフレが彼女の購買力を大きく侵食した。

彼女の行動の中で最も良かったのは、結婚したときに家を買ったことだった。彼女と夫は共有名義でこの家を登記していた。彼らは離婚した際に、家を売却して、そこから得たお金を半分ずつに分けることに合意した。彼らが家を保有していた間、この家の価値は心地よく上昇したので、購入コストよりもずっと大きな金額を手にすることができた。

しかし、シルヴィアは金持ちでもなければ、金持ちに近くもなかった。彼女は離婚後、証券会社に戻って働き、六〇歳になって年金がもらえるようになるまで仕事を続けなければならなかった。年金はたいした金額ではなかったが、彼女の資産は老後を十分に支えられるほど大きなものでなかったために、年金を当てにしなければならなかった。彼女は、給与を軸に人生を設計していた。おそらく飢えることはないだろうが、新しい靴を買うたびに、よく考えなければならないだろう。彼女とペットの猫は、冬に十分暖かくなることがなく、寝室が一つしかないアパートで人生を過ごすことになるだろう。

メアリーはどうだったか。彼女は金持ちになった。

彼女は、良識ある人が誰でもそうであるように元金の安全性をいつも考慮したが、安全性だけですべてを決めるような財産哲学を持ちあわせてはいなかった。リスクをとり、最初は痛みを伴ったが、その後、リスクは期待通りの成果を生み出し始めた。彼女は一九六〇年代に株式市場が活況だったときにもうまくやったが、ほとんどの成功は金の投機によるものだった。

黄金の金属が米国民にとって初めて投資媒体となったのは、ニクソン大統領が金とドルとの兌換性を断ち切った一九七一年のことだ。それまでは、金は一トロイオンス当たり三五ドルに固定されていたが、大統領の決定を受けて金の価格は急騰した。メアリーは迅速に行動した。多くの保守的な投資アドバイザーの助言に反して、彼女は、四〇ドルから五〇ドルの間で何度か金を購入した。

七〇年代が終わる前に、金の価格は八七五ドルに達した。彼女は六〇〇ドル付近でほとんどの金を売却した。以前から裕福ではあった彼女が、このときから金持ちになった。

彼女は、自宅と別荘、そしてカリブ海に小さな島を持っている。ほとんどの時間を旅行に費やし、もちろん移動はファーストクラスだ。彼女は、ずっと前に仕事を辞めた。彼女がジェラルド・ロブに説明したように、もはや給与は、彼女の収入のうちの小さな部分を占めるにすぎない。年間の株式配当だけでも、給与を上回っていた。そのため、給与を稼ぐために週のうち五日も使うのは適当ではないように思えた。メアリーにとって、財産のことが何年にもわたり心配の種になってきたのは事実だ。それはシルヴィアの想像を超えたものだっただろう。そのことは、シルヴィアの裕福でない老後において、いくらかの慰めとなるかもしれない。シルヴィアは、翌朝起きたときに金持ちになっているか、それとも貧乏になっているかといったことを心配しながら、夜眠りにつくことは決してなかった。彼女は、いつも、来年あるいは一〇年後の自分の財産について計算することができた。計算は常に正確だったわけではない。とくに、彼女の債券がまるで太陽に照らされた氷のように溶けていったときには。しかし、少なくとも彼女は概算することはできた。これは心地よいことだったに違いない。

対照的にメアリーは、財産を築きつつある間は、何年にもわたり、自分の将来について大まかな予測をたてる以上のことはできなかった。眠りが浅かったり、まったく眠れない夜があった。怯えていた日も何度もあった。

しかし、それと引き換えに彼女が得たものを見るがいい。

ウォール街の著名な投機家の多くが、常に何かを心配している状態は自らの人生の一部だと明言している。不平として言った者はほとんどいない。彼らはいつも朗らかだった。そういうことが好きなのだ。

最も気高い投機家の一人が、ジェシー・リバモアである。彼は、二〇世紀のはじめにウォール街で成功した。背が高く、ハンサムで、鮮やかなブロンドの髪をしたリバモアは、どこへ行っても人々の注目を集めた。人々は彼に投資の助言を求めた。知恵の断片を聞き出そうとする新聞や雑誌の記者に、彼はいつも追われていた。ある日、若く熱心な雑誌記者がリバモアのところにやってきて、億万長者になるために経験しなければならない闘争や苦悶を考えると、億万長者になることに価値があるだろうかと聞いた。リバモアは、お金が大好きだから、自分にとっては確実に価値があると答えた。記者は、株式トレーダーは眠れない夜があるのでは、と続けた。いつも心配ばかりしているような人生に価値があると思いますか、と。

「そうだな、じゃあ、いまから君に教えてあげよう」とリバモアは言った。「すべての職業には疼きと痛みがあるのだよ。蜂を飼っていれば刺される。私の場合は、心配する。心配したくないなら、貧乏なままだ。もし、心配と貧乏の選択肢があるのなら、いつだって心配するほうを選ぶよ」

リバモアは、株式投機によって四度、巨額の富を得て失ったが、心配を受け入れただけでなく、それを楽しんでいるようだった。ある晩、私の父フランク・ヘンリーがリバモアとバーで飲んでいたとき、リバモアは突然、夕食会に出席することになっていたことを思い出した。彼は、主催者に電話をして、きまり悪そうに謝罪し、それからもう一杯飲み物を頼んでから、フランク・ヘンリーに、相場の渦に巻き込まれたときはいつでも、注意散漫で忘れっぽくなる傾向があると説明した。フランク・ヘンリーは、彼が知る限り、リバモアが危険な動きに巻き込まれていないときなど決してなかったと言った。リバモアは、すぐに同意した。実際に、相場を張っていなかったとしても、彼は、翌週の相場について色々心配しているのだった。

彼はいつも、寝ているときにさえ、自分の投機について心配していると認めた。しかし、それは自分にとっては問題ではなく、自分が望むことなのだと彼は言った。明日どのくらい金持ちになるかいつもわかっていたら、私はいまの半分も楽しむことはできないと思う、と。

フランク・ヘンリーは、このことを覚えていて、何十年もたったいまでもそれを引用している。これは第一の公理の哲学を表現している。残念ながら、ジェシー・リバモアは、そのほかの公理を何も持っていなかったので、自分を救うことができなかった。そして、彼の物語は幸せに終わることはなかった。彼については後で話そう。

＊＊＊

リスクと心配について話をすると、投機家の人生は常に断崖絶壁の縁にあるように聞こえるかもしれないが、そうではない。身震いするような気持ちに陥ることがあることは事実だが、めったにないし、あったとしても長くは続かない。人生にちょっとした刺激を与える程度に心配するだけだ。私たちが話しているリスクの程度は、実際にはそんなに大きなものではない。

ほとんどの利益指向の資産運用は、それを投機と呼ぶかどうかにかかわらず、リスクを伴う。リスクのない投資と言えば、せいぜい銀行預金や国債などの口座にお金を預け入れることだけだ。それでさえリスクはつきまとう。銀行は倒産することもある。お金を預けた銀行が倒産すれば、連邦預金保険機構が補償してくれるが、手続きに時間がかかるし、金利もつかない。もしも全国的な経済危機によって多くの銀行が同時に倒産したら、連邦預金保険機構でさえ、その義務を遂行することができず、破綻してしまうかもしれない。預金者のお金がどうなるかは誰にもわからない。幸運にも、そのような悪夢が実際に起こる可能性はわずかである。だからこそ、銀行預金は、この不確実な世界においてあなたが見つけることができるどんな投資先よりもリスクが低い。そして、リスクが低いということは、それだけリターンも小さくなる。

＊＊＊

より良い見返りを求めて、お金に貪欲な人々は、よりリスクの高い投資先に向かう。不思議なことに、ほとんどの人は、自分でそうしたリスクを認識することなく投資を行なっている。彼らは、非常に賢明で注意深いふりをする。自分はリスクをとっていない、投機などしていないと、恐れている言葉をこっそりつぶやく。ギャンブルとは違う、投資しているのだと。

投資と投機の違いは、探究に値する。第一の公理を理解しようとするとき、その妨げになる可能性があるからだ。チューリッヒの公理の学徒であるわれわれは、正直に、自分たちを投機家と呼んでいる。

投機家というと、荒っぽく、軽率なチャンスを求めて駆り立てられている者たち、といった印象が強いかもしれない。だから、あなたは投機家ではなく投資家でありたいと考えるかもしれない。投資家であるほうが、たしかに安全そうに聞こえる。

しかし実際には、何ら違いはない。率直に話をするジェラルド・ロブが言い表したように、「すべての投資は投機である。唯一の違いは、ある人はそれを認め、ある人はそれを認めないことだ」

午餐と昼食の違いのようなものだ。どちらでも、同じレバーソーセージのサンドイッチが出てくる。違いはただ、誰かが違うと考えたいだけだ。

お金の運用について、あなたにアドバイスを提供したいという人々は、ほとんどいつも、自分たちを投資アドバイサーと呼び、投機アドバイサーと呼ぶことはない。そのほうが、より真剣な、良いイメージを与えるからだ（そして、手数料が高くなる）。さまざまな投機の世界を取り上げる業界紙、ニューズレター、そして雑誌は、ほとんどいつでも自分たちを〝投資出版物〟と呼ぶ。しかし、チューリッヒの公理がそうであるように、彼らは投機を取り扱っているだけである。ただ、そう言いたくないだけなのだ。

金融業界が「投資適格」と呼びたがる証券の格付けがある。そう呼ぶと非常に品位があり、神々しく、きわめて安全なように聞こえる。適切に厳粛な調子で、そういう証券について話をしている投資アドバイサーは、これこそが、リスクがなくリターンの高い、待望の投資先だと初心者を説得できる。

たとえばＩＢＭは優良株《ブルーチップ》の中でもとりわけ優良な銘柄である。ウォール街でのニックネームは「ビッグブルー」だ。ＩＢＭのような投資適格証券を買うことはいつだって安全——そうなのだろうか？

世界中のほぼすべての投資アドバイサーがこの銘柄を褒めちぎっていた一九七三年に、最高値でＩＢＭの株式を購入したとしたら、お金を取り戻すために九年も待たなければならなかっただろう。靴下にお金を入れておいたほうがまだましだったに違いない。

どんなに品位があるように聞こえても、リスクのない投機など存在しない。もう一つの例は、ゼネラル・モーターズ（ＧＭ）だ。この銘柄も、いつも証券会社のリストでは、すばらしい投資適格証券として表示される。一九七一年には、どのリストにもこの銘柄が掲載されていて、誰もがＧＭが世界を所有しつつあると考えた。

彼らは皆、この銘柄に投機的な要素は何もないと言った。保守的な遺産執行人が遺児のために購入するような銘柄だった。それは〝投資〟だった。

しかし、すばらしい投資適格証券にも何かの間違いが起こった。もし、あなたがＧＭの株を一九七一年の最高値で購入していたら、まだ元本を取り戻せてはいないだろう。

それを投資と呼ぼうが、ギャンブルであるという事実に変わりはない。彼らは一九二九年の株式市場の崩壊で教訓を学んだはずだとあなたは思うだろう。この年の株式市場の崩壊で、ウォール街が巨大なルーレット盤であり、ギャンブラーのお金を恐ろしいスピードで貪っているにすぎないことが突然明らかになった。一九二九年のすばらしい投資適格証券の話は、あなたを涙させるだろう。ニューヨーク・セントラル鉄道は一九二九年には二五七ドルだったが、三年後には九ドルになった。RCAの前身であるラジオ・コーポレーションは五七四ドルから一二ドルに下落した。より若い会社だったGMは一〇七五ドルから四〇ドルに暴落した。

ロブが言ったように、すべての投資は投機なのだ。あなたは、お金を入れて、イチかバチかやってみる。GMだろうが、ほかのどんな銘柄であろうが、あなたは投機家なのだ。それを認めても何の問題もない。自分をごまかそうとすることは意味がない。刮目してその事実を認めたときに、初めて世界をよりよく理解できるはずだ。

チューリッヒの公理は、明らかに投機についての公理であり、そう明言している。愚かな賭けについての公理ではない。それは、彼らが率直であることを意味しているにすぎない。

副公理 I

いつも意味のある勝負に出ること。

「失っても大丈夫な金額だけ賭けること」。昔からの決まり文句だ。ラスベガスやウォール街をはじめ、儲けるためにお金をリスクにさらす場所であればどこでも、この言葉を耳にするだろう。あまたの投資関連書籍や、シルヴィア・ポーターのような平凡な資産運用者の信条の中に見つけることもできるだろう。気持ちを穏やかにさせるための精神科医の決まり文句のように、何度も何度も多くの場所で断言されることによって、この言葉は真実のオーラを発しているようにさえ思えてしまう。

しかし、これを投機家としての七つ道具の一つにする前に、細心の注意を払って吟味してみるべきだ。ほとんどの投資家が自ら証明してきたように、この戦術は、ほぼ間違いなく貧しい結果をもたらしてきた。

失うことができる金額とはいくらだろう。ほとんどの人は、失っても傷つかない金額、あるいは、失っても自分の財産にたいした違いをもたらさない金額だと定義する。

一ドルか二ドル、二〇ドル、数百ドル。これが、ほとんどの中産階級の人が失っても大丈夫だと考えている金額だろう。結果として、中産階級が投機を行なう場合に賭ける金額もこの程度なのだ。

しかし、考えてみてほしい。もし、一〇〇ドルを賭けて、それが倍になったとしても、あなたは依然として貧しいままだ。

システムを打ち負かす唯一の方法は、勝負に出ることだ。負ければ破産するような金額を賭けろと言っているのではない。傷つくことを恐れていてはいけない、という意味である。どのみち、あなたは家賃を払ったり、子供を養ったりしなければならない。

賭ける金額が小さくて、失ってもたいした違いがないのであれば、大きな利益がもたらされることはないだろう。小さな賭けから大きな儲けを得る唯一の方法は、大穴狙いしかない。一ドルの宝くじを買って、一〇〇万ドルが当たる可能性はないとは言えない。夢を見るのは楽しいことだが、当然のことながら、負ける確率は情けないほど高い。

投機するなら、傷つくことを厭わない気持ちでスタートしなければならない。少しでもいいから、心配になるような金額を賭けるのだ。

あなたは、ゆっくりとスタートして、経験を積み、自分のタフな精神に自信がついてから、賭け金を増やしたいと考えるかもしれない。すべての投機家は、自らのリスク許容度を考えておくものだ。ジェシー・リバモアのように大胆な投機家は稀有な存在で、だからこそ目をみはるようなスピードで破産してしまうことがある。前述したように、リバモアはそれを四回経験している。彼のリスク許容度は非常に高かったので、ベテランを含めて多くの投機家を恐れさせた。父フランク・ヘンリーは、かつてリバモアの投機を研究し、愕然として頭を振りながら家に帰った。「あの男は狂っている」とフランク・ヘンリーは言った。リバモアに比べれば、ヘンリーのリスク許容度ははるかに低かった。すべての彼の投機が、たった一度の巨大な変動によって不意に吹き飛ばされたとしたら、彼の財産はそれまでの半分になるというものだった。五〇パーセントを失うことになるが、五〇パーセントは維持している。それが、彼の選択した心配の許容水準だった。

意味のある勝負に出ることを信じていたもう一人の男が、石油王のJ・ポール・ゲティである。彼の話は有益だ。ほとんどの人は、彼が巨額の富を父親から相続したと考えているようだが、実際はまったく違う。ゲティは、ありふれた中産階級の投機家としてスタートし、自分の力で途方もない富を築き上げたのだ。

ところが世の中の多くの人は、彼の人生は銀の皿にのせられて手渡されたようなものだと考えている。それが、彼には我慢できなかった。彼は、私の目の前で「誰が言ったんだ」と叫んだこともある（私はプレイボーイ・クラブで彼に会った。彼は、プレイボーイ誌の親会社の株主で、何年かにわたり、ビジネスや金融の編集者として仕事をしたり、いくつかの記事を寄稿したりした。この仕事は、彼が大物投機家をやっていないときの、リラックスする方法だった）。

やがて彼は、自らのあまりにも大きな富が、多くの人の考えを飛躍させたと悟った。一人の男が、質素な中産階級から人生をスタートして何十億ドルも稼ぐなどという話を信じるのは、普通の人々には明らかに無理なのだ。

しかし、まさしくゲティはそうしたのだ。彼が、あなたや私より唯一有利だったのは、すべてが安く、所得税がなかった二〇世紀初頭に投機をスタートできたということだ。彼が、冷淡で気難しい父親から相続したものは何もなかった。期限厳守で返済しなければならなかった若干の借金以外には。父親から受け取った最も価値のあるものは、お金ではなく教育だった。

父親のジョージ・F・ゲティは、ミネアポリスの弁護士で、独学で投機を学んだ。今世紀はじめのオクラホマのオイルブームで、チューリッヒの公理に少し似ているルールを考案し、豊富な鉱脈を掘り当てた。彼は、厳しい人間で、仕事至上主義の信念を曲げなかった。ポール・ゲティはプレイボーイ誌に「父ジョージは、成功した男の息子はちやほやされるか、甘やかされるか、成長して自分で稼ぐことができるようになった後に贈り物として資産を分け与えられる、という考え方を拒否した」と書いた。そして、息子のポールは、彼自身で富を求めて突き進んだ。

ポールは、はじめは外交官か作家になりたいと考えたが、投機を愛する父親の血が彼の体にも流れていた。彼は、オクラホマと石油に惹きつけられた。雑役係や道具係として仕事をしながら、数百ドルを貯めた。貯金が増えると、リスクをとりたいという衝動が強まった。

さて、副公理Ｉの基本を理解しているかどうか、示すときがきた。ポール・ゲティは、このことを父親から学んだ。いつも意味のある勝負に出ること。

ゲティは、一つの銘柄を五〇ドルかそれ以下で買うことができた。その機会が足りないことはなかった。油田関連施設は、穴を掘り続けるための資金を求める山師と、投機のシンジケートで溢れていた。彼らは、数ドルで誰にでも少しの株を売却した。しかしゲティは、わずかな株式では金持ちになれないことがわかっていた。その代わり、彼は、もっと大きなものを追った。ストーン・ブラッフの小さな村の近くに、将来有望に見える油田採掘借地権の半分を売り出している投機家がいた。彼は、それに賭けることに決めた。彼は、全財産に相当する五〇〇ドルの金額で入札した。誰も、彼の買値の上を行く者はなく、J・ポール・ゲティは正式に石油ビジネスに参入した。

一九一六年一月、最初の掘削はうまくいき、一日当たり七〇〇バレルの原油というすばらしい油田を発見した。それから間もなく、ゲティは彼の借地権を一万二〇〇〇ドルで売却し、彼の伝説的な富の基礎が固まった。

「もちろん、私は幸運だった」と、彼は何年もあとになってから、昔の独創性に富んだ冒険を振り返った。「損をする可能性もあった。しかし、もし損をしたとしても、リスクをとることは正しいという信念を変えることはなかっただろう。私は、大きなリスクをとることによって、おもしろいことが起こる可能性を自分に与えたのだ。可能性、希望、だよ。もしもリスクをとることを拒否していたら、希望を持てなかっただろう」

たとえ損失を出したとしても世界が終わるわけではなかった、と彼は付け加えた。お金をかき集めて、再び挑戦していただろう、と。「失うよりも得るもののほうがずっと多かったように思えた」と彼は回想した。「勝てば、それは非常にすばらしいことだ。しかし、もし負けたとしても、それほど傷つきはしない。正しい行動であることは明らかだ。そう思わないかい？」

副公理Ⅱ 分散投資の誘惑に負けないこと。

投資の世界の至るところで、人々は、それを分散投資と呼ぶ。単純に分散といっても通じるほどだ。

それがどんなに誇張されているか、おわかりだろうか。

何十年も使われて、いまさら言葉を変えるのには遅すぎるので、私も、一般に受け入れられている言葉を使おう。分散投資。この重々しくて優雅ではない言葉が何を意味しており、あなたが金持ちになるうえでどんな影響を与えるかを考えてみよう。

投資の世界での分散とは、お金を分散して投機することを意味している。少しずつ分散する。二、三の大きな投機ではなく、たくさんの小さな投機を行なうのだ。

ポイントは安全性だ。もし、あなたの投資の六つが行き詰まったとしても、残りの六つはうまくいくかもしれない。もし、ヘイ・ワオ・エレクトロニクス社が倒産して、同社の株価が三セントに暴落しても、ホー・ボーイ・コンピュータ株の投機はうまくいくかもしれない。株式がすべて暴落しても、債券だけは価値が上昇し、あなたを破産から救ってくれるかもしれない。

これが分散投資の理論的説明だ。一般的な投資助言の長談義において、分散されたポートフォリオを持つことは、資産形成の理論のなかで最も崇拝されているものの一つである。なかでも、よく分散された投資適格証券のポートフォリオを持つことがきわめつけに重要だと考えられている。それが手に入れれば、世界を支配できたも同じだと。

その一方で、投資アドバイザーはこういう事実も指摘したがるかもしれない。分散投資はリスクを低減するが、金持ちになるという希望も同じくらい減少させる。

中産階級の投機家は、投機の冒険をスタートさせるための元金が限られている。五〇〇〇ドルを持っているとしよう。あなたはこれを増やしたい。ではどうするか。従来の理論は、分散投資せよという。五〇〇ドルずつ一〇に賭けろと。自動車産業は活況そうだからGMを五〇〇ドル買い、金利が上昇する可能性があるから五〇〇ドルを預金口座に入れて、そのうえ、金融商品が何もかも崩壊するかもしれないので金を五〇〇ドル買う、といった具合だ。これで、あらゆる不測の事態に対して準備ができていることになる。安全だと感じることができるだろう。あらゆるものから安全に守られている——豊かになるという危険からも。

分散投資には三つの重大な欠陥がある

一　いつも意味のある勝負に出ること（副公理Ⅰ）という教えに反する。

もし、当初の元金がそれほど大きいものでないのなら、分散投資は状況を一層悪化させる。分散投資すればするほど、あなたの投機はより小さくなる。極端に分散投資してみるといい。そうすれば、あなたの資産は本当に取るに足らない金額で終わることになるだろう。

副公理Ⅰで観察したように、少額がいくら大きく増加したところで、スタート時点の状態とほとんど変わらない。つまり、依然として貧しいのだ。仮に、ホー・ボーイ・コンピュータ社への五〇〇ドルの投資がうまくいって、株価が倍になったとしよう。あなたの儲けはどれほどのものかといえば、たった五〇〇ドルにすぎない。この方法では決して高額納税者にはなれない。

二　分散投資は、利益と損失が互いに相殺し合う状況を作る。

結局はスタート時点、つまりポイント・ゼロと変わらない。

ホー・ボーイ・コンピュータとヘイ・ワオ・エレクトロニクスという二銘柄の投資適

格証券より、少し下の格付けの銘柄を購入したとしよう。二社は好況に支えられており、あなたは、株価は上昇すると考える。その直観が正しかったとしよう。両社は成長し、五〇〇ドルの投機はそれぞれ二〇〇ドルずつ利益を出した。

けれども、あなたがホー・ボーイ・コンピュータ株とヘイ・ワオ・エレクトロニクス株を購入していたとき、あなたの投資アドバイザーは、分散投資することで賭けをヘッジするよう、まじめな顔で警告した。相場が低迷しているときには、確定利回りの商品や金に投資すべきだと言った。

そこで、あなたは五〇〇ドルの金と五〇〇ドルの確定利回りの商品を購入した。そして、現在、相場は活況を呈している。企業や消費者の借入需要により金利は上昇している。そのため、確定利回りの商品は一〇〇ドル値下がりした。金については、この黄金の金属を保有している誰もが、現金を得るために躍起になって売りに回っている。彼らは、ウォール街のすさまじい強気相場に便乗したいと考えているか、あるいは目の玉が飛び出るような金利がつく、魅力的な新しい銀行口座にお金を入れたいと考えている。あなたの金の価値は、古く錆びついたバケツから水が流れ落ちるように、漏れ出している。三〇〇ドル下落した。

つまり、あなたはホー・ボーイ社とヘイ・ワオ社で四〇〇ドル儲けて、確定利回りの商品と金で四〇〇ドル失った。すべては、時間と努力の無駄だったことになる。何のための投資だったのだ?

三　分散投資することで、あなたは、空中にある数多くのボールを同時に何とか維持しようとしているジャグラーになっている。

もし、二、三の投機だけをやっており、そのうちの一つか二つが下落したら、防衛のための行動をとればいい。のちに第三の公理で、この状況について取り扱うことにしよう。もっとも、空中にいくつものボールがあって、そのうち半分が間違った方向に行き始めたら、恥をかかずに窮地を脱出できる可能性はそれほど高くない。

より多くの投機を行なうと、より多くの時間と勉強が必要となるだろう。あなたは、絶望的に混乱するかもしれない。物事がうまくいかないとき、これは避け難いのだが、あなたも確実に認識しているように、問題が次から次へと発生するにつれ、パニックに近い状況に陥るかもしれない。このような苦境において、人々、とりわけ新米の投機家に起こることは、恐怖で動けなくなるということだ。あまりにも多くの痛みを伴う決定をものすごいスピードで下さなければならないというプレッシャーに圧倒されて、彼らはまったく何もできなくなってしまう。彼らは、自分たちの富が次第に減少していくなか、立ちすくみ、呆然として、打ち負かされてしまう。

分散についての、これら三つの重大な欠陥を、安全というたった一つの利点と比較すると、それほどすばらしいものには見えなくなるだろう。

多少の分散は、おそらくそれほど害にはならない。せいぜい三つか四つの投機。まあ、仮にあなたが一度に多くの投資先に魅力を感じていたとしても六つまでで十分である。経験に基づく私の個人的なルールは、一度に四つ以上の投機を行なわないことである。通常、私は三つ以下に抑えているし、ときには一つだけのこともある。それ以上になると落ち着かない。これは主に個人的な好みや考え方の問題だ。もし、あなたがもっと多くの投資先を効率的に取り扱うことができるのであれば、そうするがいい。

分散投資を行なうために分散するのであれば、それはやめるべきだ。買い物籠をできるだけ早く商品で一杯にすることを競う、スーパーマーケットの買物コンテストの出場者のようになってしまう。結局、必要でないたくさんの高価なガラクタを持って家に帰ることになる。投機においては、お金を入れるべきは、あなたにとって純粋に魅力のある対象であり、それだけにお金を投じるべきである。ポートフォリオを分散させるためという理由だけで、何かを買ってはいけない。

ウォール街では、「すべての卵は一つの籠に入れろ、そして籠を見守れ」と言うこともある。これはマーケットで吟味に耐えてきた古い格言の一つである。誰が最初に言ったのかはわからないが、決して分散投資の信奉者ではないことは明かだろう。一ダースもの籠を見守るより、一つか二つ、あるいは三つの籠を見守るほうがよっぽど簡単である。キツネが卵を盗もうと近づいたら、ぐるぐる走り回らなくても彼を追い払うことができる。

●投機戦略

さて、第一の公理をざっと振り返ってみよう。この公理は、あなたにお金をどうしろと助言しただろうか。

お金をリスクにさらせと助言した。少しくらい損をすることを恐れてはいけない。いつも直面しなければならないリスクの程度は、髪の毛が逆立つほど高くはないはずだ。リスクを望むことによって、大多数の貧乏人クラスから這い上がる、唯一の現実的なチャンスを手にすることができる。

この栄光あるチャンスに支払う代償は、心配という状態だ。この心配は、第一の公理が主張するように、現代の心理学が信じているような病気ではない。それは、人生の熱くてピリッとしたスパイスだ。一度慣れてしまえば、それを楽しめるだろう。

The Second Major Axiom
On Greed

第二の公理
強欲について

常に早すぎるほど早く利食え。

ウォール街のアマチュアは、そう行動する。ポーカーゲームのアマチュアもそうだ。アマチュアはどこでも同じだ。彼らはだらだらとゲームに長くとどまり、そして損をする。その原因は強欲であり、第二の公理は、この強欲についてである。もし、強欲を克服し、自己管理できれば、富を求めて争っている九九パーセントのライバルたちより優れた投機家になれるだろう。

しかし、成し遂げるのは難しい。強欲は人間の心理に組み込まれている。われわれのほとんどは、かなり強欲だ。日曜日の教会で、いかに強欲を抑えるべきかという説教をたびたび聞かされるのは、それだけ強欲というものが、そのほかの人間の性質に比べて御し難いからであろう。説教は絶望的に聞こえ、長いため息を誘う。欲望は非常に深く、われわれの魂を侵害しているため、欲望を排除するのは、目の色を変えることより困難である。

あきらかに、説教によって強欲を追い払うことはできない。説教に効果があったためしはない。説教を聞くことや、自分自身を説教することによって、強欲を克服することはできない。より現実的で、効果が期待できる方法は、欲望を抑えることによって金持ちになるチャンスが増えるという、第二の公理を理解することだ。この興味深く、不思議なパラドクスについて考えることだ。

ちょっと立ち止まって、言葉を定義しよう。第二の公理における強欲とは、過剰な欲望、常にもっと多く欲しがることを意味している。自分が当初望み、期待することが許された以上に望むことを意味している。それは、自分の欲望のコントロールを失うことを意味している。

強欲は欲望の膨らみすぎた、自己破壊的な従兄弟である。ここでいう欲望は、自分の物理的幸福を改善したいという自然な望みである。チューリッヒの公理は、健全な欲望を持つ人々によって生み出された。もしもあなたが彼らと同じように健全な欲望を持っていないというのなら、本書を手にして公理を勉強してはいないだろう。地球上のすべての動物は、本能的に食べ物、寝る場所、自己防衛の手段を獲得しようとするが、われわれの望みも、少しばかり複雑なものであるということ以外、ほかの創造物と何ら変わるものではない。そうした習性を恥じる必要はない。生き残るために必要な素養の一部にすぎないのである。

しかし、ひとたび欲望が狂い、それが満たされなければ我慢できないほどになってしまうと、それは強欲である。恐ろしく、憎むべきものである。投機家の敵である。

人生をかけて強欲を研究したのが、長年にわたりラスベガス最大のカジノクラブ「デューンズ」のマネジャーを勤めたシャーロック・フェルドマンである。太い縁のめがねをかけ、肥満体で、道化師のような風貌をしたフェルドマンは、毎日、午前二時から一〇時という勤務時間の間、カジノの客たちを観察したものだった。そこでしばしば目の当たりにした事実が、彼を哲学にのめり込ませた。

「彼らの望みがより少ないものだったら、より多くを持って家に帰ることができた」とフェルドマンは言った。それが彼自身の強欲についての公理だった。

フェルドマンは、強欲をよく理解していた。だから、彼自身は名人級のギャンブラーだった。若いときには小さな富を得たり失ったりしたが、ついに、自分自身をコントロールすることを学び、亡くなったときにはかなりの金持ちになっていた。デューンズの顧客について、彼は言った。「カジノでただ遊んでいるだけなら、たいした問題ではない。数百ドル失ったところで誰も気にしない。しかし、遊ぶ方法が、人生の生き方と同じであったとしたら、それは問題だ。

彼らの多くが、なぜ金持ちでないのかが理解できる。カジノでの行動を見ているだけで、彼らが資産家にならない理由がわかるのだ」

フェルドマンは、遊びのために失ってもいいくらいの多少の札束を持ってきた女性のことを話した。「彼女は、ルーレットのテーブルに行って、一つの数字に一〇ドルを賭けた。その数字が何であったかは覚えていないが、彼女のラッキーナンバーか誕生日だったのだろう。驚いたよ。その数字が当たり、彼女は三五〇ドル儲けた。それで、彼女は一〇〇ドルを取り出して、ほかの数字に置いた。すると、今度はその数字が当たった。彼女は、今度は三五〇〇ドルを儲けた。友達が集まってきて、今夜はついているから、もっと賭けるようにとけしかけた。彼女は友達のほうを振り返った。私には彼女が強欲になり始めたのがわかった」

フェルドマンは話をいったんやめて、ハンカチで額を拭いた。「さて、彼女は賭け続けた。すでに大穴を当てていたので、今度は色に賭けたり、複数の数字に賭けたりした。毎回数百ドルを賭け、勝ち続けた。六回も七回も続けて勝った。彼女は、本当に連勝していた。たいした女性だ！ ついに、彼女は九八〇〇ドルも手にしていた。これだけあれば十分だと思うだろ？私だったら、とっくにやめている。数千ドルあれば私は十分満足だ。でも、この女性は九八〇〇ドルでは満足できなかった。いまや強欲で混乱していた。「一万ドルまであと数百ドルよ」と言い続けていた。

この大台に近づくと、彼女は負け始めた。お金は徐々に少なくなっていった。それを取り戻すために、彼女はより大きな金額を賭けていった。ついに、彼女は最初の一〇ドルも含め、すべてを失った。

この話は、よく知られている忠告「悪乗りするな」や、あるいはスイス人が好んで使う「幸運を引き伸ばすな」の本来の意味を説明している。ほとんどの人々は、それに深淵な意味があることを理解せずに気軽に使う。しかし、本当はより深い意味があるのだ。

深い意味とは、こういうことだ。ギャンブルや投機をしていると、時々大きな幸運がおとずれ、それが続けざまに起こることがある。それはとても楽しく、一生乗っていたいと思う。疑いなく、あなたは、それが一生は続かないことを理解する分別を持っているが、強欲にとらわれてしまうと、それがもうしばらく、もう少しだけ続くと期待したり、自分をそう信じ込ませようとする。そして、あなたはそれに乗り続ける。最後に、あなたは転げ落ち、お金は消え失せる。

のちに第五の公理において、幸運が続いてしまうというこの厄介な現象について、より詳しく研究するとしよう（公理は、複雑に織り交ざっている。ほかの公理に言及することなく一つの公理について説明するのはほとんど不可能なのだ）。いまの段階で認識すべき点は、勝利がどのくらい続くかは前もってはわからないということだ。長く続くかもしれないし、次の瞬間に終わってしまうかもしれない。

では、どうすればいいだろうか。あなたに勝利をもたらしている一連の出来事は、短期的なもので、利益が途方もなく大きくなることはないと考えるべきだろう。

もしかすると、この一連のすばらしい出来事は、巨大な勝利をもたらすまで続くかもしれない。しかし、出来事の最初の段階にあっては、将来を見ることができないまま、続けるかやめるかという決定を迫られているのだから、月並みな利益を目標に、賭けていたほうがずっといい。月並みな利益なら、あっけないほど早く賭けをやめてしまっても、手に入れることができる。長く、大きな勝利の継続は、ニュースになったり、パーティーの話題になったりはするが、それはめったにないことだからニュースになるのである。短く、たいしたことのない勝利はよくあることなのだ。

常に少額を賭け、素早く降りる。強欲に支配されてはいけない。適当な利益が出たら、現金に換えて、立ち去るのだ。

＊＊＊

立ち去ったことを後悔することもあるだろう。勝ち目の趨勢は、あなたがいなくても続き、あなたは、手に入れ損なったお金を不機嫌に数えたまま取り残される。あとから考えると、やめるという決断は間違っていたように思える。こうした憂鬱は、すべての投機家が時々経験することで、決して心地のよいものではない。この経験は、あなたを泣きたくさせるかもしれない。

しかし、元気を出すのだ。一回や二回、早めにやめるという決断が間違いだったとしても、一二回、二四回と場数が増えるにしたがって、その決断は正しいものとなる。長い目で見れば、自分の強欲をコントロールすることは、より大きな儲けにつながるのである。

第二の公理は、常に早すぎるほど早く利食えと言っている。なぜ、早すぎるほど早くなのか？　この短く不可解な言い回しは、何を意味しているのだろうか？　それは、一連の勝利の出来事がピークに達する前に現金化する必要があることを意味している。一連の勝利から、最後の一ドルまで搾り出そうとしてはいけない。そんなことは、めったにできることではないのだから。その勝利がまだ長く続く可能性や後悔の可能性など心配する必要はない。後悔を恐れてはいけない。ピークがわからないなら、ピークがまだ先だと考えるのではなく、近いと考えなければいけない。利益を確定して、立ち去るのだ。

それは、真っ暗で霧のかかった夜に山を登るようなものだ。視界はゼロだ。前方のどこかに山頂があり、その先は切り立つ急斜面である。あなたはできるだけ高くに登りたい。理想的には、山頂に辿り着き、そこでやめたい。しかし、「理想」は現実の世界ではめったに起こることではない。それがいま起ころうとしていると考えるほど、あなたは世間知らずではない。だから、唯一の分別ある判断は、自分で十分な高さだと考えるところまで達したときに登るのをやめることだ。ピークの前でやめる。早すぎるほど早くやめることだ。

霧が晴れ、太陽が昇れば、山頂までまだ半分も登っていなかったことを知るかもしれない。

もっと高い所まで登ることができたかもしれない。しかし、後悔を抱いてはいけない。それほど高くではないかもしれないが、あなたは登ったではないか。手応えのある利益を得たではないか。それ以上、何が必要だろう。利益を得て、それを失わなかった。むやみに山頂を目指し、崖から転落してしまう粗忽者よりも、あなたはずっとましだ。

転落の悲劇は、一九八〇年代はじめの不動産投機においてよく見られた。たとえば、コネチカットに住むアリスとハリーの悲しい話を紹介しよう。彼らから直接聞いた話だ。それは痛みを伴うものだったが、彼らは自らの教訓として話してくれた。新しい知識を開拓したかったのかもしれない。ただし、身元は明かさないという約束をしたので、アリスとハリーは彼らの本当の名前ではない。

彼らは四〇代半ばの夫婦で、二人とも魅力的で聡明で、貪欲である。二人ともいい給料の仕事をしている。二人合わせた所得、ライフスタイル、社会的な志向を考慮すると、彼らは中産階級の下限に位置していると言える。大学に通う二人の子供がいる。

二〇世紀後半、中間所得層にとって、所得内で生活することは常に苦しいことだった。彼らも、投資に振り分けるお金などほとんどなく、投資先といえば、主に銀行預金、生命保険などの口座だけだった。彼らのたった一つの投機は自宅だった。

一九七〇年代のはじめに、彼らは、繁栄しつつあったコネチカット州フェアフィールド郡に移り、経済的に限界のところまで無理して家を買った。よく考えたうえでの決断だった。何年にもわたりお金を貯め、それでも豊かではないと感じながら、彼らは、第一の公理に対する意識を高めていった。自分たちが十分にリスクをとっていないことを理解し始めた。

多くの中産階級の人々と同じように、彼らは、住宅を住むためだけの資産と考えず、売却益、もしかしたら大きな売却益を得られる資産とみなしていた。この投機は非常にうまくいった。フェアフィールド郡の不動産価値は一九七〇年代にすばらしく上昇した（とはいえ、カリフォルニアのマリン郡やフロリダのデイド郡ほどではなかったが）。一九八〇年代のはじめに、ハリーとアリスは、自宅の市場価値は、保守的に見積もっても、彼らが一〇年前に購入したときと比べて二・五倍から三倍程度あると考えた。

売却するときが来た。子供たちは成長し、独立した。アリスとハリーは、もう大きな家は必要なかった。実際に、二人は郊外に家を所有する負担にうんざりしていた。賃貸アパートのような、もっと小さくて、暮らしやすい場所に移りたかった。自宅の価値が好調に上昇したので、それを売ることは一層魅力的なアイデアに思えた。彼らの資産は大きく膨らんでいた。自宅の市場価値は三倍くらいに上昇したが、住宅ローンを利用していたので、株式や商品先物を信用取引で購入するのと同じ効果（レバレッジ）により、投資元本は六倍以上になっていた。すばらしい出来だ。

しかし、強欲が彼らを襲った。さらなる上昇を期待して、彼らは家を保有し続けた。

アリスは、カリフォルニアのマリン郡のような場所では、住宅の市場価値が一〇年で一〇倍になったという話を読んだり、聞いたりしたことを思い出した。「それは、すばらしいことだと考えました。マリン郡でそんなことが起こるのなら、フェアフィールドでも起こるかもしれないし、もし私たちの家が一〇倍に跳ね上がれば、億万長者になれると考えました」

ハリーは、後悔するのが恐かったと語った。「もちろん、この家を購入価格の三倍で売却できるのはすばらしい。でも、家を手放してから数年たって、われわれから家を購入した相手が、さらにその三倍で誰かに売却したと知ったら、悔しくてたまらないだろう」

だから、彼らは売らなかった。やがてピークが訪れ、彼らは崖から転落した。

よくあるように、ピークはずっと近くに迫っていた。米国のそのほかの郊外地域と同じように、フェアフィールドの不動産市場は、一九八一年と一九八二年に崩壊した。とりわけ大きな家の下落幅は大きかった。地域によっては、どんな安値でも家を売却することができないほどだった。アリスとハリーが、遅ればせながら家を売りに出したときも、世間は彼らの家にまったく目を向けなかった。家を見に来る人はほとんどおらず、真剣に購入を検討する人はさらに少なかった。いつもは威勢のいい地元の不動産業者でさえ、辟易してしまってやる気がなかった。一年間も売りに出しておきながら、購入希望の話はたった一件あっただけだった。金額は衝撃的に安いものだった。彼らが購入した金額よりも高かったが、それほど違わなかった。投資元本を預金口座に入れておいたほうがお金は増えていただろう。

私が最後に彼らに会ったとき、彼らは、低迷する市場が回復するのを待っていた。彼らは学んでいた。家で大儲けすることなどすでに期待していなかった。やがて、売却したい金額——大金ではなく適当な利益が出る程度の金額に辿り着いた。彼らは、市場がどんなに好況になっても、あるいは、世間の将来への期待がどんなに高まったとしても、その金額で売却することを決心していた。

彼らは決意を固めていた。つまり、早すぎるほど早く売ることを。私は、彼らがこの決意を堅持することを期待する。

＊＊＊

第二の公理の教えを実行することは、一部の人にとっては非常に難しいことのようだ。とくに難しいのは、後悔の恐怖から逃れることかもしれない。この恐れは、ハリーの最悪の敵だったし、今後もそうであり続けるかもしれない。ハリーだけのことではない。

恐怖は、きわめて当たり前の心理であり、とりわけ株式市場では強く作用する。「売った株式の株価を決してチェックしてはいけない」と、ウォール街の古い教えは言っている。この警告は、お金儲けを助けるためのものではなく、単に、嘆きの発作からあなたを守るためのものだ。ウォール街が「置いてきぼりの憂鬱」と呼ぶ病気は、株式投機家が耐えなければならないあらゆる病気の中で、最も痛みの強いものの一つであろう。

どれほど痛いのかって？　その痛みは、私も十分に知っている。ガルフ・オイルを一株三一ドルで売って、それが一年後に六〇ドルになった。あるいは、ＩＢＭを一株七〇ドルで一五〇〇株売却して、その忌まわしい株は一三〇ドルに高騰した。あるいは……もう十分だ！　自分を拷問にかけてはいけない。こういった結果について憂鬱になる代わりに、「早すぎるほど早く利食う」が見事に的中したときの自分を祝うべきなのだ。

とはいえ、私のように公理に完全に浸っている者にとってさえ、夜には憂鬱が忍び寄ってくる。だから私は、あなたに起こりうる後悔の痛みを癒やすことはできないと言った。これからもだ。実際、後悔はあなたを傷つけるだろうが、私はあなたに差し出す薬を持っていない。この痛みに効く鎮痛剤はない。すべての投機家が耐えなければならない痛みなのだ。

株式の売買価格は毎日公表されるので、ウォール街ではとくに、後悔の恐怖は嫌なものかもしれない。ほかの投機対象についても言えることだろうが、不動産については、あまり当てはまらない。自分の家やカリブ海の別荘の市場価値が長期的にどう変化するのか、大まかな予想は立てられるかもしれないが、ウォールストリート・ジャーナルの紙面で毎日、正確な価格を知ることはできない。日々価格が公表されないことが、あなたに感情面での防衛策を提供し、緩衝装置の役割を果たす。自分の家の価格は、実際に市場に売りに出されて、売値を聞かない限りわからないだろう。昨年、あるいは一〇年前に売却した家が、いまいくらで売買されているかについても聞かされることはない。

しかし、株式の投機ではそうはいかない。毎日、新聞を買うことができるし、証券会社に電話して、あなたが保有していて活発に売買されている銘柄、以前保有していた銘柄、保有したいと考えたことがある銘柄の昨日の株価を正確に知ることができる。あなたが売却してから一ヵ月、あるいは一年後に、あなたが望めば、勝ち目が続いているかどうかを知ることで自分自身を拷問にかけることができる。

そう、株式投機家は、いつも自分を拷問にかけているようなものだ。常に熱に浮かされており、そのような熱狂は、危険なほど判断を曇らせる。

ある晩、私は父フランク・ヘンリーの南アフリカ人の古い友人と飲みに出かけた。彼は自分を哀れんでおり、午後の間ずっと飲んでいたようだった。彼は、途切れ途切れに話をした。やっと、それらを繋ぎ合わせることができて、私は悲劇を聞いていたのだとわかった。

常々、フランク・ヘンリーはこの感じのいい男のことを、ウォール街のゲームには感情的すぎると言っていた。私にはそれはよくわからないが、その男がしばしばアメリカ人やスイス人に誘われて、高額を賭けるポーカーゲームでカモにされていることは知っていた。彼が自分の悲しい身の上話を紡ぎ出すにつれ、私は、やはりフランク・ヘンリーは正しかったかもしれないと思い始めた。男は、おそらくポーカーゲームと同じように、株式市場でも問題を抱えていた。さまざまな状況において、頭では何をすればいいかわかっていたが、常にそうする覚悟ができていなかったのだ。

その晩の悲劇も、ずっと前に始まっていた。男は、テレビや映画業界で事業を展開するウメトコ・エンタープライズの株を大量に買った。株価は順調に上昇し、その後、上昇が止まった。すでにかなりの利益になっていた。勝ち目がまだまだ続くと考えるほどの理由はないと考えた男は、分別よく売却した。するとすぐ、予測されていなかった出来事が起こり、株価は四倍に跳ね上がった。

これが彼を憤怒と後悔で狂乱させた。このときの金額があまりにも大きすぎたために、彼は何を売るのも恐れるようになった。彼は、歴史は容赦なく繰り返す――彼が株式を売るとすぐに、売却した株の価格が高騰する――という恐怖の毒牙にかかった。涙が彼を麻痺させてしまったようだった。

賭けるべきだとわかっていた取引があったが、彼は動くことができなかった。とりわけ、ある状況が彼を苦しめていた。ウメトコを売却した後、彼はほとんどのお金をもう一つのテレビ・映画会社であるワーナー・コミュニケーションズに投資した。彼は、エンターテインメント業界についてよく理解していたし、うまくコントロールすることさえできれば、この株式投機もうまくいったかもしれなかった。ワーナーの株価は上昇し、再び彼はかなりの利益を上げていた。ウメトコとワーナーの儲けによって、彼は元金をおおむね二倍にしていた。

十分だ、とある人は思うかもしれない。売り時だ。公理が教えるように、早すぎるほど早く売るべきだ。

しかし、彼は動けなかった。彼は、持ち続けた。前触れもなく、ワーナーのアタリというビデオゲーム部門が厄介な問題を抱え、泥沼に転落した。ワーナー株は、めまいがするような一回の急落により、その価値の三分の二を失った。

副公理Ⅲ

あらかじめどれだけの利益がほしいのかを決めておけ。そして、それを手に入れたら投機から手を引くのだ。

副公理Ⅲの目的は、しばしば思考を麻痺させる困難な問い「十分とはいくらか?」の答えを出すのを助けることだ。

この問いがなぜ困難なのかと言えば、これまで見てきたように、われわれが強欲だからある。持てば持つほど、さらに欲しくなる。人間とはそういうものだ。

しかし、多くの人、いや、おそらくほとんどすべての人にとって、第二の公理の実行を困難にしているもう一つの理由がある。それは、投機が成功して富が増えると、すべてのポジションが新しいポジションのように感じられるという、奇妙な事実だ。

たとえば、一〇〇〇ドルからスタートする。銀の信用取引に投資するとしよう。あなたの予想が正しく、一年後に二〇〇〇ドルになった。お金を倍にしたのだ。すばらしいことだ。もし、それを毎年繰り返せれば、すぐに億万長者になれるだろう。しかし、不可解なことに、実際にはそれほどすばらしいと感じられないのだ。その代わり、すぐに、自分は資格があってその利益を手にしたと感じるようになる。とくに、短期間ではなく、一年を通してゆっくりと利益を積み重ねてきたのだったら、その利益が当然のように思えてしまう。「お金を倍にしたぞ」とか「一〇〇〇ドルも儲かったぞ」と言う代わりに、以前から二〇〇〇ドルを持っていたように感じるものだ。

あなたは、この二〇〇〇ドルでポジションを手仕舞うべきだとは思わない。まるで新しく始めるポジションのように感じるのだ。そのために、自分自身をこの投機から解放するのが困難になっていく。

もしあなたがめったに投機をしない、あるいは、少額のポーカーゲームさえやったことがないのなら、このような感情を理解し難いかもしれない。自分には関係のない、奇妙な他人事のように思えるだろう。そう考えるのも無理はないが、楽観的すぎる。何らかの投機をするのなら、いずれ、あなたを悩ませることになる問題なのだ。影響を免れることはほとんどできない。だからこそ、あなたがこの問題に直面するときに備えて、どう対処するかを学ばなければならないのだ。

＊＊＊

われわれの社会では、はっきりとした始めと終わりがあるゲームがいろいろある。たとえば陸上競技では、ランナーは、一マイルのレースを走り終えたとき、そこがゴールだと知っている。金メダル一つではなく、二つを獲得しようと思って、もう一マイル走ることはない。すべてのエネルギーは、一マイルで使い果たされる。ゴールのテープが切られ、勝者は記録に名を残す。すべて終わりだ。ランナーはレースをやめて休み、次のレースのために新たなエネルギーを補給する。

ギャンブルや投機の世界には、そのような明らかなゴールは存在しない。カジノが閉店になれば、ポーカーゲームも終了するかもしれない。株式投資でも、あなたが株をもっていた会社が倒産したり、より大きな会社に買収されたりすれば、終わりを迎えるかもしれない。しかし、ほとんどの投機では、終わりは自分で決めなければならない。

終わりを決めることは本当に難しい。ほとんどの人は、そのこつをつかむことができない（ほとんどの人が、実際に、その必要性さえ認識できない）。しかし、これはマスターしなければならないテクニックである。良い投機家にとって不可欠な知識の一つなのだ。

終わりというのは、ポジションを手仕舞い、安堵のため息をつき、そして束の間リラックスするときである。レースが終わったランナーのように、あなたはトラックの端にある芝生にごろりと横になる。そして思う。「ああ、終わった。やるべきことはやった。メダルは獲った。しばらくここに座って、勝利を楽しもう」。あるいは、こう思うかもしれない。「まあ、いいさ。負けてしまったけれども、何はともあれ終わったことだ。休んで、考えよう、そして計画しよう。明日、もう一度レースをしよう」。いずれにせよ、あなたは終わりを迎えるのだ。

しかし、ゴールのテープもなければ、ラウンドの終わりを伝える鐘の音もないような世界において、どうやったら、明確に終わらせることができるのだろうか。とくに、うまくいっているポジションが新しく始まったポジションのように感じられる場合は。

ユニオン・カーバイドをほんの数株買ったとしよう。あるいは、金に投資したとしよう。家を買うのでもいい。こうした投機は、あなたが予測できる範囲の将来において〝終了〟するようなレースではない。このようなレースには期限がない。一定の時間や一定の距離があるわけでなく、いつ戦いを終了して芝生に寝転んでいいかを教えてくれる審判や審査員もいない。自分で、自分だけで決めなければならない。あなたが自分自身で終わりを告げない限り、レースは終わらないのだ。

副公理Ⅲは、この終わりにどう到達するかを教えるものだ。レースを始める前に、ゴールがどこかを決定する。

これなら手仕舞うのが簡単になるだろうか。いいや、もちろん簡単にはならない。しかし、レースには終わりがないという覚悟で毎回投機を始めるよりも、ずっと気が楽になる。

さきほどの話に戻ってみよう。あなたは一〇〇〇ドル持っていて、銀の投機に関心がある。自分自身にこう言う。「これに投資しよう。目標は……」。目標が何でもかまわないが、大げさな金額にはしてはいけない。控え目がいい。たとえば、一年で倍にして二〇〇〇ドルにする、あるいは、一年で一五〇〇ドルに増やすとか。それがゴールだ。レースの間、このことをしっかり覚えていなければならない。そして、ゴールに達したら、やめるのだ。

このような方法が、いかにあなたを心理的に助けるかを考えてみよう。スタートラインでは一〇〇〇ドルを持っていて、それが二〇〇〇ドルになることを期待している。もちろん、二〇〇〇ドルというのは保証されたものではないし、実際の投機はまだ二〇〇〇ドルになっていない。あなたもしっかり認識しているように、そこに辿り着かないかもしれない。この時点では、つまりスタートラインでは、二〇〇〇ドルへの期待は、努力のしがいがある賞品のように感じられる。新しいポジションのような感じはしない。むしろ、終わりのように感じられる。

投機が成熟するまで、この感覚を維持すること。もしゴールに達したら、はじめに決めた手仕舞うべきポジションを、新しいポジションとみなすべき合理的な理由がない限りは、自分との約束を信じて手仕舞わなければならない。

そこで終わりだと決めたレースにあえて留まるほどの、「真に抵抗し難いほどの理由」として、何があるだろうか。衝撃的で、予想できなかった出来事や環境の変化だけが、その理由になりうる。単なる変化ではなく、激変だ。まったく新しい状況が生まれ、単なる期待ではなく、勝ち目が続くのはほぼ間違いないという確信が得られなければならない。

たとえば、あなたが商品先物の投機を行なっているとしよう。冷凍オレンジの先物を持っている。ゴールに達したとき、自分を信じてポジションを手仕舞い、利益を確定しようとしている。しかし、そのとき、異常気象による冷害でフロリダのオレンジの多くが駄目になったことを知る。このような状況においては、しばらくの間、手仕舞うのを待って、何が起こるかを見極めたほうが賢明かもしれない。

しかし、このような状況はめったにない。ほとんどの場合、ゴールに達したということは、一つのことだけを示している。終わったということだ。

＊＊＊

終わったことを自分に納得させるための優れた方法は、何かしらの褒美を設けることだ。メダルでもいい。あなたが決めたゴールに達したら、儲けの一部を使って、新しい車、新しいコート、あるいはバンジョーでもいい、あなたを幸せにする何かを買うと、前もって自分に約束するのだ。奥さんや友人を、一番高級なレストランに連れて行き、桁外れに高い食事をご馳走することだっていい。

そうすれば、投機の終わりは、楽しみを伴うものになる。実際に、ベテランを含む多くの投機家は、こうした心理的な戦術を使っている。フランク・ヘンリーもそうだ。自分の故郷スイスでは貴重な牡蠣と、アメリカンスタイルのステーキというご褒美だった。ジェシー・リバモアも、投機のポジションを手仕舞うのにしばしば苦労していたが、勝ったときには、アンティークの髭剃り用マグカップを買って自分のコレクションに加えることを、自分への褒美にしていた。ジェラルド・ロブの友達のメアリーは、新しいドレスかスーツを買った。

リバモアの場合は、賭け金が七桁の場合もあったから、そのような褒美は、賭け金の大きさと比べたら取るに足らないものかもしれない。けれども重要なことは、馬鹿らしいと思えるような褒美でさえ、終わりの感覚をもたらすことができるということだ。あなたにもこれが通用するようであれば、心に留めておくことだ。

このような手法を嫌う投資アドバイザーは多い。一八世紀以降、誰もうまく説明できなかったという理由で、運用資金は侵してはならない神聖なものとして広く信じられてきた。それを、一皿の牡蠣とか、新しいコートのような、つまらないものに使ってはいけないというのだ。そのような〝冒瀆行為〟のための特別な言い回しがある。資本侵略だ。これはいったい何を意味するのだろうか。

ジェラルド・ロブは「なぜ、お金を儲けるために、そんな苦労をしなければならないのか。眺めるため？」と聞くのが好きだった。ロブは、恥じることなく、投資家や投機家は、儲けの一部を使うべきだと公言した、おそらく最初の投資アドバイザーだっただろう。ロブは、ポジションを手仕舞ったかどうかにかかわらず、利益の出た年には儲けの一部を使うよう熱心に説いてきた。

投資資金も、ほかのどんなお金とも同じなのだとロブは指摘した。隔離して「さわるな！」と記しておく必要はない。もちろん、それを使わないでいる理由もある。年をとったときに自分を安心させてくれる、緊急時のパラシュートになる、子供に残せる、心地よさに浸ることができる、などなど。それらはどれもいいことだ。しかし、儲けたお金で少しくらいの楽しみを味わってもいいのではないだろうか。とくにポジションを手仕舞ったときに、そこから少しだけ掬《すく》いとることは、一般的に言われているより良いことだ。

私は、可能であれば、投機資金を換金が容易な形で持っていることを勧める。これは、一部の投機対象においてはすぐに実行することができる。もしもあなたの財産が、不動産や、希少価値のあるコイン・コレクションとして保有されていたら、あなたは購入者が現れるまで、それを固定しておかなければならないだろう。一方では、そうした流動性のない資産に資金を提供する銀行も増えている。実質的には、そのような商品を担保にして低金利で借金をすれば、現金を手にすることができる。おそらく、あなたもこのような方法を見つけられるだろう。

そのほかの投機対象では、流動性の確保はもっと容易であり、以前よりずっと容易になってきている。株式、株式オプション、商品先物、通貨、貴金属を取り扱う銀行や証券会社は、この数年、顧客のために革新的な新しい口座を開発してきた。私は現在、すべての株式投資の資金を、私が取引している証券会社メリルリンチの考案したキャッシュ・マネジメント・アカウントと呼ばれる特殊なバスケットに入れてある。これは、伝統的な方法で株式を売買するための信用取引口座、小切手口座、クレジットカードの決済口座といった多くが組み合わされたものだ。私が保有する株式の配当が支払われると、現金は自動的にこの混合型の口座に入る。もし、このお金を使わないでいれば、預金口座に移管される。その一部が必要なときはいつでも、小切手を切るか、クレジットカードを差し込めばいいだけだ。これが私のいう流動性である。これは、ポジションの手仕舞いを祝う完璧な設定だ。ポジションを手仕舞うと、妻と私はクレジットカードを懐に、ニューヨークでとんでもなく贅沢な週末を過ごすことにしている。

●投機戦略

さて、第二の公理があなたに助言したことを振り返ってみよう。

第二の公理は、「常に早すぎるほど早く利食え」と言っている。ブームがピークに達するのを待ってはいけない。勝利が続くと期待してはいけない。運を乱用してはいけない。勝利は続かないと考えなければならない。あらかじめ決めておいたゴールに達したら、手仕舞って、立ち去るべきだ。すべてがバラ色に見える場合でも、あなたが楽観的なときでも、まわりの誰もがブームは続くと言っていても、このことだけは実行しなければならない。

これを実行しない唯一のケースは、新しい状況が生まれ、もうしばらくは勝ち続けることが、ほぼ確実だと思えるときだけである。

そのような例外を除いて、早すぎるほど早く利食う習慣に慣れることだ。そして、利食ってしまったのなら、その後も勝ち目が続いたからといって自分自身を責めてはいけない。ほとんど確実に、それは長くは続かないはずだ。たとえ長く続いたとしても、早く手仕舞わなければ失ってしまっていたであろう利益を守ることができたと考えることで、自分を慰めるのだ。

The Third Major Axiom
On Hope

第三の公理

希望について

船が沈み始めたら祈るな。飛び込め。

第二の公理は、物事がすべてうまくいっているときに、何をすべきかについてのものだった。第三の公理は、うまくいかないときに、あなたを救うことについてである。

うまくいかないときは、確かにある。投機の半分は、あらかじめ決めたゴールに達する前に、うまくいかなくなると考えていいだろう。経済動向についての判断の半分は、おそらく正しくないだろう。あなたが聞く助言の半分は、的外れなものに違いない。

あなたの希望の半分は、実現することはないだろう。

しかし、元気を出してほしい。このことは、獲得した資産をすべて失うことを意味しているわけではない。もしもそうであれば、すべての冒険は意味がないということになる。冒険は、能力のない者にだけ意味がないのだ。成功する投機家は、物事にもっとうまく対処するものだ。彼らは、何をすべきか知っているので、大いに努力して進み、状況が彼らに不利になると、躊躇することなく行動する。

苦境から抜け出す方法を知っている投機家はそれほど多くはない。それだけ、獲得するのが難しい、貴重な能力なのである。勇気とともに、剃刀の刃のようなエッジの効いた正直さが必要となる。それが少年と少女を男と女から峻別する能力であり、ギャンブラーや投機家の道具の中でも、最も重要なものであるという人もいる。

元証券アナリストで、現在は商品先物市場でフルタイムの投機を行なっているマーティン・シュワルツも、この意見に同意するだろう（ほとんどのフルタイムの投機家は、それをトレーディングと呼ぶことを好むが、われわれは、われわれの言葉を使う）。一九八三年に、シュワルツは資産を一七五パーセントも増やした。これにより、彼は、シカゴの商品取引会社が主催する年次コンテストの米国トレーディング・チャンピオンシップで優勝し、以前よりずっと裕福になった。そうしたすばらしい結果をどのように達成したかと聞かれると、シュワルツは即座に、自分が不可欠だと感じる一つの能力について述べた。彼はニューヨーク・タイムズの取材に「勝者になれたのは、どうやれば負けるかを学んだからだ」と語った。

同じような言葉を、カジノの周辺でも聞くことができるだろう。ポーカーの優れたプレーヤーに何が必要かと聞かれて、シャーロック・フェルドマンは、躊躇することなく「勝負から手を引くときを知ることだ」と答えた。

アマチュアのギャンブラーは、カードが自分に有利になるように祈るが、プロは、カードが自分に不利な場合に、どのように自分を救うかを学ぶ。これが、おそらくプロとアマの主な違いであり、プロがポーカーで生計をたてることができて、アマチュア（もしもプロと戦っているのなら）がゲームをするたびにカモにされる理由が説明できる。

多くの投資家がほかのどんな失敗よりも多大なコストをこうむるのは、おそらく、沈没しつつある船から飛び降りることができなかったときだろう。間違いなく、ほかのどんな形で財産を失う場合よりも多くの涙を流すことになるはずだ。

「下落しつつある投資対象に捕まることは、世の中で最悪の痛みだ」と、スーザン・ガーナーは言う。彼女は、フルタイムで投機を行なうためにチェース・マンハッタン銀行を最近辞めた。現在は成功しているが、常に成功してきたわけではない。必要なテクニックを学ぶのに時間がかかったのだ。とりわけ、どのように損をするかを学ぶのに。

最初の頃の投資では、郊外の小さなオフィスビルの分割所有のために二〇〇〇ドルを支払った。そのビルは眠りこけたように活気のない地域にあったが、いまにも目を覚まそうとしているかに思えた。主要な連邦高速道路がこの地域に建設される予定で、予定されたルートは町の一方の境に沿っていた。高速道路計画とそのほかの経済的要因、そして地理的要因によって、誰もが、その街が繁栄した商業センターに発展すると期待した。それが実現すれば、オフィスをはじめとする不動産価格は急上昇する。スーザン・ガーナーの投機は前途有望に見えた。

しかし、よくあるように、計画は延期された。資金問題に直面したのだ。延期に次ぐ延期が発表された。最初の発表では、計画は一年ほど延期されるというものだった。その後、二年か三年の延期に変わり、やがて五年になった。最終的に、州政府は勇気を絞り出して真実を語った。将来、高速道路が建設されるとしても、いつになるのかわからないと。

一連の発表があるたびに、不動産投機の熱は少しずつ冷やされた。スーザン・ガーナーの小さなオフィルビルは、毎日価格が発表されはしなかったが、正確な数字がなくても、価値が下がっていくのは明らかだった。彼女は売却を考えた。

「私の持分を購入したい人はいたのよ」と彼女は言った。「でも、売れば損失が出るのがわかっていたから、そうすることができなかった。高速道路の建設が一年遅れるという最初の発表があったときに、私は自分自身に、辛抱していれば、すべてはうまくいくと言い聞かせようとした。これは一時的な失敗だと。私がすべきことは待つことだけで、投資価値は回復するはずだった」

それから、高速道路の建設が二年か三年遅れるという発表があった。オフィスビルの大口所有者の一人だった弁護士がスーザン・ガーナーに連絡してきて、彼女の区分所有を一五〇〇ドルで購入すると提案した。しかし彼女は、五〇〇ドル、つまり投資額の四分の一を失うという考えに耐えられずに提案を断った。弁護士は金額を一六〇〇ドルに引き上げたが、それでも彼女は断った。

計画が無期限にまで引き伸ばされると、価格は急落した。弁護士は彼女に一〇〇〇ドルの買値を提案した。しばらくしてから、彼は金額を八〇〇ドルに引き下げた。価格が下がれば下がるほど、スーザン・ガーナーはいっそう頑なになった。「すでに私は投資した二〇〇〇ドルを取り戻そうなどと期待してはいなかった」と彼女は言った。「私は一五〇〇ドルを提示されたときにそれを受け入れなかった自分に怒っていた。状況が改善して、自分の正当性が立証されることを期待し続けていた。価格が下落するにつれ、私はますます頑固になっていった。二〇〇〇ドルの持分を八〇〇ドルで売るなんてありえないと」

彼女の投資がうまくいっていないとき、別の投機のチャンスが手招きしていた。彼女はアンティーク家具の投機や、株式市場にも関心があった。ある友人は、相続した一九世紀の郵便切手を安値で叩き売り、それが彼女を刺激した。しかし、逃げ場を失った二〇〇〇ドルが彼女の投機資金の大半だった。そこから抜け出さない限り、身動きがとれなかった。

「ついに決めたわ。こんなふうにお金を凍結させておくなんてことは馬鹿げている」と彼女は思った。そして、彼女はオフィスを七五〇ドルで手放した。
こうしてスーザン・ガーナーは第三の公理を学んだ。船が沈み始めたら、飛び込め。

＊＊＊

表現に注意してほしい。沈み始めたら、なのだ。船が半分水に浸かるまで待ってはいけない。期待したり、祈ったりしてはいけない。目を覆ってはいけないし、その場で恐れおののいてもいけない。何が起こっているのか、まわりを見渡すのだ。状況を観察して、起こりつつある問題が、修正できるかどうか自問してみるのだ。状況が改善しつつあることを示す、信頼できて実体のある証拠を見つけ出さなければならない。もしも、それが存在しないなら、手遅れになる前に行動を起こすのだ。誰かがパニックになり始める前に、穏やかに、そして慎重に船から飛び降りて、自分自身を救うのである。

この助言は、株式や商品先物のように、日々売買される市場では、数字に置き換えることができる。ジェラルド・ロブの経験則は、株価が、自分が保有している間に付けた最高値から一〇〜十五パーセント下落したら、利益が出ているか、損しているかにかかわらず売却すべきというものだ。フランク・ヘンリーは、もう少し余裕をみて一〇〜二〇パーセントとしていた。ほとんどのプロの投機家は、同様のルールを採用している。いずれの場合も、大切なのは、早い段階で損切りすることだ。あなたは、小さな損失を出すことによって、自らを大きな損失から守ることができる。

具体的に説明しよう。あなたは、ある銘柄を一株一〇〇ドルで購入したとしよう。この投資はすぐに損を出し始め、価格は八五ドルに下落した。買ってから後に買値よりも高値がなかったとしたら、あなたの保有株はすでにその水準から一五パーセント下落している。ルールに従うなら、売却すべきだ。何らかの改善が見られるという確かな証拠がない限り、手放さなければいけない。

あるいは、よりハッピーなケースを考えてみよう。あなたは株式を一株一〇〇ドルで買い、株価が一二〇ドルに上昇した。あなたは金持ちになれると考える。なんてすばらしいことだ！しかし、予想外の問題が会社を襲い、株価は一〇〇ドルに下落してしまった。あなたはどうすべきか。答えはすでにわかっているはずだ。状況が改善されるという説得力のある理由がない限り、売却すべきだ。

ただし、答えを知っているということだけでは十分ではない。第三の公理を実行しようとするとき、人々の前に立ちはだかる障害が三つある。一部の投機家にとっては、これらの障害は脅えるほど手強い。あなたは、これらの障害に直面するために、心理的に準備を整えておかなければならない。

＊＊＊

〝第一の障害〟は、後悔の恐怖――第二の公理で見てきた心理と実質的に同じである。この場合、あなたが恐れているのは、損切りした後に、下落していた株が高騰することだ。

それは痛みを伴う。たとえば、あなたが金を一オンス四〇〇ドルで購入したとしよう。そのあと金価格は三五〇ドルに下落した。持ち続けるに足る理由がなかったので、あなたは一二パーセントあまりの損失を受け入れ売却することを決める。売却が完了するや否や、六つの新たな戦争が勃発し、南米の四ヵ国が債務不履行に陥り、石油輸出国機構は原油価格を二倍に引き上げ、世界の株式市場すべてが暴落し、余裕資金を持つ誰もが黄色い金属の確保に走った。金の価格は八〇〇ドルに高騰した。痛い！

痛いに決まっている。遅かれ早かれ、このようなことが起きても不思議ではない。回避する術はない。しかし、相場の急激な反転は頻繁には起こらない。通常は、悪い状況は悪いままで、少なくともしばらくはそのままだ。株式、商品、不動産などの投機対象の価格が急落する場合、その原因は長期にわたる問題となりがちだ。それらは徐々に発展し、徐々に解消される。たいてい、正しい選択は、価格が明らかに下落し始めたときに逃げ出すことだ。

人生では、悪いときが過ぎ去るのを待つほうが賢明なことがある。しかし、お金がかかっている場合には、待つことが賢い選択であることはほとんどない。悪い投資にはまり、その状況が続くとしたら、何年もの間、その資金を使うことなく過ごさなくてはならない。ほかの、より活発な投資で利益を追い求める可能性があるのに、身動きがとれなくなってしまう。お金はとらわれの状態である。

＊＊＊

第三の公理を実行するための〝第二の障害〟は、投資の一部を断念しなければならない、ということだ。一部の人にとっては途方もなく苦痛なことだ。幸い、この苦痛は、慣れれば緩和されると私は断言できる。

たとえば、あなたが通貨で投機を行なっているとしよう。イタリア・リラに五〇〇〇ドルを投じた。あなたの直観が間違っていたことが証明され、為替レートは逆に動き、投資資金は四〇〇〇ドルに減少してしまった。状況が改善するという確証がつかめない限り、売るべきだ。しかし、売れば一〇〇〇ドルを失う。これは痛い。

損切りは一部の人には非常に苦痛なので、彼らは売却することができない。典型的な三流の投機家は本能的に、いつか一〇〇〇ドルを取り戻せると期待しながら、じっと待つものだ。もしあなたがその本能を克服できないなら、あなたも三流の投機家のままだろうし、あるいは破産するかもしれない。ここで一〇〇〇ドルを取り戻す賢い方法は、下落している投資対象から四〇〇〇ドルを取り出し、より有望な対象に投資することだ。

損切りができないという心理は、信用取引、つまり、借入金でレバレッジをかけている場合には、数倍悪い問題を招く。あなたの投機は、この世でこのうえなく苦渋に満ちたゲームであるポーカーと似てくる。

両者の類似点を探してみるのも価値があることだろう。実際、ポーカーのことをよく知らないのであれば、このゲームを勉強することは有益だ。金曜の夜に仲間を集めてプレーしてみるといい。ポーカーは、人間のある種の本能を限界まで試すようにできている。このゲームからは多くを学ぶことができる。投機について、そしてあなた自身について。

現金で賭けているのであれば、つまり、借入金を使っていないのであれば、人生はシンプルである。株式を購入するときには、現金を支払う。それ以上、何も要求されることはない。もしも株価が下落して、損失分を諦めきれずに、立ち去ることができなくても、あなたは何かを強要されることはない。ただ、自分の富が縮小するのを不機嫌に眺めていればいい。誰も、新たなお金をその投機に追加するようにと、あなたに要求はしない。

さて、ポーカーを考えてみよう。ポーカーでは、ゲームに残りたいのであれば、あなたは投資を追加し続けなければならない。フラッシュのためにカードを引いているとしよう。勝算は低く、手はおそらく負け役だろう。しかし、これまでにかなりのお金を賭けていて、そこで中断する決断が下せない。より賢明な判断に反して（そして第三の公理に反して）、あなたはゲームに居残ることを選択してしまう。

しかし、これは、通常の現金ベースの投機ではない。ポーカーなのだ。居残るのであれば、あなたは支払わなければならない。次のカードを見たいのであれば、それを買わなければならない。このゲームでは、過去のお金を守るために、新しいお金を継続的につぎ込むことを求められる。

信用取引の投機も、同様の激しい苦痛を生み出す。あなたは、証券会社から投資金額の一定の割合のお金を借りて株式を購入する。許容される割合は、政府の規制、証券取引所の規定、そして各証券会社の方針によって決定される。株式は、借入れの担保として証券会社によって保有される。もし、株式の売買価格が下落すれば、もちろん担保価値も下落する。自動的に、証拠金の割合についての規定を破ることになる。それからあなたは恐ろしい追証《おいしょう》を求められ、証券会社は愛想よく、しかし、融通のきかない態度で、差額をカバーするために追加の現金を払い込むか、株式を売却するかという、二つの難しい選択を迫る。

あなたは、実質的には、ポーカーのプレーヤーと同じ立場にいる。投資の一部を断念したくないのなら、賭金を追加しなければならない。

放棄することを厭わないのは、通常、より信頼できる反応である。その分別がなく、諦めようとする意志を培うことができないのであれば、どんな種類の投機も困難だろうし、信用取引は破滅的なものとなるだろう。

＊＊＊

第三の公理の〝第三の障害〟は、自分が間違っていることを認めることの難しさだ。人々の、この問題に対する反応はさまざまだ。ある人は、ちょっとした不愉快なことだと考える。また、ある人は、あらゆるものの中で最大の障害であると思う。一般に、女性は、男性よりも早くこの障害を乗り越えることができる。また、年配の人のほうが若い人よりも早く乗り越えられるようだ。私にはその理由はわからない。わかるという人を含めて、誰もわかっていないだろう。この問題は、多くの人にとって大きな障害だということにしておこう。もし、それがあなたの投機を邪魔するのであれば、自分自身を探求して、対処方法を見い出すべきだ。

価格が下落し始めたら、売却すべきだということを、あなたは理解している。そうするためには、自分が間違っていたことを認めなければならない。それを自分の証券会社や銀行、あるいは取引をしている誰にでも、そして配偶者や家族、そして、最悪なのは自分自身に対して、認めなければならない。あなたは、鏡の前に立ち、自分の顔をじっと見つめて、そして「私は間違っていた」と言わなければならない。

一部の人にとって、これは、途方もない苦痛だ。典型的な負け犬は、この痛みを回避しようとして、結局、ぐるぐると悪い投資から抜け出せなくなる。

人間は普通、投資したものの価格が下落し始めると、将来、自分の判断が正しかったと立証されるという期待にしがみつく。「この価格の下落は一時的なものだ」と自分自身に言い、それを信じてしまうこともある。「この投機は正しかった。最初の不運のためだけに、手を引いてしまうのは愚かなことだ。じっと待とう。時間は、私が賢いことを証明してくれるはずだ！」

このように、人間は自分のエゴを守ろうとする。自分が間違っていたということを認める必要性から逃れ、自分が賢いことを信じ続けるのだ。

銀行通帳は真実を記録する。おそらく、下落した投資は当初の価格まで戻るまで、あるいはそれ以上に上昇するまでには何年もかかるだろう。そのとき、自分の正当性を立証できたと感じるかもしれない。「結局、自分は正しかった！」と勝ち誇ることができるだろう。しかし、本当に正しかったのだろうか。あなたの投資が低迷している何年もの間に、そのお金をほかの投資に回して稼ぐことができたはずだ。お金を二倍あるいはそれ以上に増やすことができたかもしれない。自分はそうすることができず、この憂鬱なエピソードの始まりの時点に立ちすくんだままだったではないか。

間違っていたことを認めるのを拒否することは、最悪の反応だ。

副公理Ⅳ

小さな損失は人生の現実として甘んじて受けよ。大きな利益を待つ間には、何度かそういう経験をすると考えろ。

理想的には、小さな損失を喜んで受け入れるべきである。小さな損失は、大きな損失からわれわれを守ってくれるからだ。とはいえ、それは無理な要求である。損失を喜んで受け入れる？　そんなことができる人に私は出会ったことがない。しかし、少なくとも、小さな損失を潔く受け入れることはできるかもしれない。

それは、本当にすばらしい防衛策となる。もし、習慣的に、われわれが議論したような方法で損切りをすれば、ひどい打撃を受けることは決してないだろう。相場の暴落につかまってしまう唯一の方法は、それが突然起こったために、望んだときに売れない場合だけだ。このような事態は、不動産やアンティークのような流動性のない投機の世界ではしばしば起こる。変化しつつある市場の状況を、自分自身で慎重に、そして継続的に把握しておかなければならないからだ。一方、株式や商品先物のような投資対象では、突然身動きがとれなくなることは少ない。市場で毎日売り買いされているため、いつでも、あなたが売りたいものの値をつける人を見つけられるからだ。

小さな損失を受け入れる習慣を身につけよう。もし、投資がうまくいかなければ、立ち去り、ほかのことを試せばいい。沈みつつある船に居残ってはいけない。とらわれてはいけない。

「待つ者にすべては与えられる」と中国の古い諺は言っている。昔の中国人がこの言葉を信じていたなら、彼らは、たいした投機家ではなかっただろう。こんな諺を信じるべきでない。少なくとも、お金の世界に関して言えば、まったく意味がない。下落しつつある投資が改善するのを待つのなら、あなたは、何度も失望し、貧乏なままでいる運命にある。

簡単ではないが、最も生産的な態度は、今後の人生においてさまざまな金銭上の不快な現実のように、わずかな損失はあることだと思うことだ。たとえば、税金や電気代のように。年に一度、税務署と付き合うのは、当然ながら楽しいものではないが、困惑してしまうことはおそらくあるまい。あなたは「ああ、わかった。生きるということはそういうこと。これも経費だ」と言うだろう。小さな損失をこのように考えるのだ。それは、投機のコストの一部なのだ。それができないのなら、大きな利益を期待する権利はない。

一部の投機家は、逆指値注文を使うことで、事前に小さな損失に備えている。証券会社に対して、継続的に逆指値注文を出しておくのである。もし、一〇〇ドルで買った株式が九〇ドルに下落したら、あるいは、あなたが考える水準に達したら、それを自動的に売却するものだ。

逆指値注文を便利だと考える人もいれば、そうでない人もいる。主な利点は、いつ売却するかを決定する苦痛からあなたを解放することだ。損失が発生しても、それを受け入れる心構えができる。あなたは「大丈夫、一万ドルを投資しよう。最悪でもそれは九〇〇〇ドルから証券会社への手数料分を差し引いたところまでしか下がらない」と考えることができる。これは心地がよい。うまくすると、九〇〇〇ドルを基準に考えることができるようになる。証券会社があなたに代わって逆指値注文を執行してくれるのだから、あなたは、重大な損失が起こったようには感じないだろう。

逆指値注文の不利な点は、柔軟性がなくなることだ。株式を九〇ドルで手放すことが賢明だと考える場合もあるだろうが、八五ドルまで持っていたほうが賢明だと考える場合もあるかもしれない。逆指値注文を出してしまえば、あなたは考えることをやめてしまうかもしれない。

逆指値注文は、株式や商品のように日々売買される取引で用いることができ、多くの証券会社は一定の大きさの口座にだけこのサービスを提供している。もし、あなたが稀少価値のあるコインやアンティークの投機家なら、残念ながら逆指値注文を利用できない。損失の拡大を食い止めてくれる人は、世界でたった一人だけ、それはあなた自身だ。

私の考えでは、自動的な損切りのメカニズムなしにやったほうがいいと思う。その代わり、自分自身の、困難な決断を下す能力と、それに従う能力に頼るのだ。あなたは、わずかな訓練で、自分がどんなにタフになれるかという事実に驚くだろう。そして、それはリスクをとる者にとって、人生における特別な報酬をもたらす。

あなたとあなたの銀行口座は、両方とも、同時により大きく育つことができる。

●投機戦略

第三の公理はあなたに、問題が発生したらうろたえてはいけないと指摘している。すぐに立ち去るようにと教えている。

期待するな。祈るな。期待と祈りは、すばらしいことには違いないが、投機家の活動の道具としては便利なものではない。

困難に陥ったら誰もが、感情に流されてはいけないという公理の教えを、簡単に実行できるわけではない。われわれは、後悔の恐怖にかられる、投資の一部を断念することを望まない、間違いを認めたがらない、という三つの障害すべてについて考えてきた。これらの問題は、あなたをひどく、おそらくかなりひどく悩ますかもしれない。是が非でも、それを乗り越えなければならない。

公理は、投機についてのものであって、心理的な自助努力についてではない。したがって、公理は、これらの障害を乗り越える方法について助言を与えてはくれない。これは内面的、個人的なプロセスであり、方法はすべての人にとって異なるものだろう。第三の公理は、損を納得して受け入れることを学ぶことが、絶対に必要な投機技術であると言っている。賢明な投機家やギャンブラーが少ない理由の一つは、ほとんど人がこうしたテクニックを学ぶことがないからである。

The Fourth Major Axiom
On Forecasts

第四の公理
予測について

人間の行動は予測できない。
誰であれ、未来がわかると言う人を、
たとえわずかでも信じてはいけない。

一九六九年に消費者物価指数がほぼ五パーセント上昇したとき、主要エコノミストの多数意見《コンセンサス》は、インフレ率は一九七〇年代のはじめに多少上昇し、後半には徐々に低下するというものだった。そうはならなかった。インフレ率は倍増した。

一九七九年に物価指数が一一・五パーセントに高騰したとき、予言者のコンセンサスは、金利は一九八〇年代半ばまで二桁を維持するというものだった。そうはならなかった。一九八二年には、金利は一九六九年の穏やかな水準まで戻していた。

あなたは不思議に思うだろう。経済を予言する者たちも、われわれ以上に将来のことを知っているわけはない。それなのに、彼らの言うことに耳を傾けてしまうのはなぜだろう。

われわれは疑いもなく聞いてしまう。なぜなら、将来を知るということは、常に人類が必死に求めてきたゴールの一つであるからだ。もし、明日の株価を今日知ることができれば、あなたは金持ちになれる。だからわれわれは、いつでも誰かが立ち上がって、将来起こるであろう見通しを話すときには、尊敬の念をもって耳を傾けるのだ。

たいてい、聞くのは間違いだったということになる。一九二九年八月二三日に、ウォールストリート・ジャーナル紙は読者に、株式市場で大いに儲けることができると告げた。同紙の特別な水晶玉はダウ理論と呼ばれる。これは将来をじっと見るテクニックであるが、「主要な上昇トレンド」が株式市場に確立されたことを明らかにした。「秋の数ヵ月間の見通しは、過去のいかなる時点よりも明るい」と同紙は幸せそうに謳った。二、三ヵ月して、誰もが破滅した。

より最近では一九八一年のはじめに、株式市場のカリスマ的存在であるジョセフ・グランビルが、株式市場は崩壊しようとしていると断言した。「すべて売れ」と、グランビルは彼の助言サービスを購読する数千もの弟子たちに指示した。予想された崩壊は起こらなかった。市場は一九八一年を通して上がったり下がったりを続けた。グランビルは依然として弱気相場を予想していた。翌年の一九八二年、すばらしい強気相場が始まり、それは人の記憶に残る最も強力な強気相場だった。取り残された人々は心底、後悔した。

グランビルだけが強気相場を予測できなかったわけでも、その反対を予想していたわけでもない。一九八三年は、金融の賢人にとってとくに憂鬱な年だった。保険会社、年金基金などで運用を担当する（あるいはむしろ投機と呼ぶべき）ファンドマネジャーの記録を見てみよう。ニューヨーク・タイムズの推計によると、一九八三年に、そのような高給取りの予言者の五分の三は、将来の見通しをとんでもなく誤り、三流の投機家がサイコロを転がして選択した結果よりも少ない金額しか儲けられなかった。

投資パフォーマンスを測定するのに最も一般に利用されているのは、スタンダード・アンド・プアーズ総合五〇〇種株価指数である。一九八三年に同指数は二二パーセント上昇した。別の言い方をすると、もし、その年にあなたの投機ポートフォリオが二二パーセント上昇したのなら、パフォーマンスは平均的なものだったということだ。あなたの成績表はCということになる。同紙のアンケートによると、ファンドマネジャーの六〇パーセントのパフォーマンスがこれを下回った。

たとえば、かつて脚光を浴びた一人のファンドマネジャーが、金利は一九八三年に低下すると予測し、債券に大きく投資した。金利は上昇し、結果として、それらの固定金利債券の価値は下落した。同じ男が、製薬会社の株価が上昇すると考えたが、株価は下落した。彼は、通信業界に予想される変化がとくにＭＣＩ社に恩恵をもたらすと考え、彼の顧客のポートフォリオに同社の株式を追加した。それは失敗に帰した。

実際には誰も、来年、来週、あるいは明日何が起こるか、まったくわからないのである。あなたが投機家として成功したいのであれば、人の予想を聞く習慣から抜け出さねばならない。エコノミストやマーケットアドバイザーなどの金融の賢人が言うことを決して真剣に受け取らないことが重要である。

＊＊＊

もちろん、彼らが正しいこともあるが、だからこそ彼らは危険なのだ。彼らは何年にもわたり予言ビジネスに携わってきたので、たまに当たった二、三の予言を自慢げに示すことができる。「すごい！」と誰もが言う。予言者の評判に決して表れないのは、彼らが間違っていた残りの予言である。

著名なエコノミストであるセオドア・レビット博士は、かつてビジネスウィーク誌に「予言者になることは簡単である」と言った。「二五の予想を立て、その中で本当になったものだけを話せばいいのだ」。多くの予言者はこれほど率直ではないが、誰もがレビット博士の成功の法則に本心では同意するだろう。エコノミスト、マーケットアドバイザー、政治予言者、そして透視能力者なら誰でも、心のうちではこの基本ルールを知っている。もしもあなたが正しい予測をたてられないのであれば、頻繁に予測をすればいいのだ。

エコノミストは毎年、熱心にこのルールに従っている。毎年六月か七月に、トップ予言者は、翌年の第一・四半期についての神聖なる予測を始める。予測は、通常、GNP、インフレ率、政策金利など主要な経済指標に関するものだ。彼らは明らかに、慎重に互いの予測を勉強しているので、彼らの予測には著しい同調性が見られる。多くの投機家は、これらの予測を基本に意思決定を行なう。大企業や米国政府も同様である。

毎年九月頃になると、経済の状況がやや違うように思えてくる。エコノミストたちは皆、第一・四半期についての予測を修正する。

十一月頃になると、さらに状況は変化して、再修正が発表される。さすがに十二月になると、もう状況は理解できるはずだ。各予言者は、自分の予測が少なくとも一つでも正しいことを祈る。あとから発表された予測は、対象期間により近づいているので当たる確率が高いが、最初の予測が正しいこともある。予言者は、この事実を美化して言う。「私は七月の時点でこれを予見していた！」

彼は、自分の正しかった予測が、たびたび修正を重ねた末のものであることについては、言及するのを慎重に回避するだろう。

あなたや私のように、ひと儲けしようとしている孤独な投機家は、この茶番劇を無視しなければならない。もしも六月の予測が九月の予測に取って代わられようとしていたら、そして、さらに十一月や十二月に修正されるのであれば、そんな予測に耳を傾ける必要などない。そのような予言者を受け入れることは、上演される前に期限切れとなるチケットを買うようなものだ。

すべての賢人がこんな予測修正劇を演出できるわけではないが、彼らは皆、基本ルールをしっかり押さえている。彼らは皆、頻繁に予測し、誰も結果を綿密に調べないことを祈っている。いつもこんな感じだった。十六世紀の無名のフランス人医師、ミッシェル・デ・ノストラダームは、きわめて複雑に入り組んだ四行の即興詩という形で数百もの予言をつくり出した。彼は、今日では、ラテン語読みであるノストラダムスという名によってよく知られており、狂信的信者によって崇拝されている。彼は、空中戦や無線通信のようなものを予測したようだ。

詩はいつでも、どうにでも解釈できるような、間接的で神秘的な言葉で書かれている。私は、この古《いにしえ》の予言者を賢明に受け入れようとして、一〇〇くらいの予言を研究したことがある。そして、次のような統計学的結論に辿り着いた。三つの予言は正しかった。十八の予言は間違っていた。そして残りは、この年老いたフランス人が何を言おうとしていたのか、わけがわからなかった。

あまり見栄えがする記録ではない。とはいえ、ノストラダムスは、予言の世界において名を成した。現代の予言者たちが皆、彼のようになりたいと考える存在である。

ノストラダムスは、めったに正しくはなかったが、頻繁に引用された。

あるいは、最近の未来予想屋であり、自ら霊能者であると宣伝しているジーン・ディクソンを考えてみよう。彼女は、いくつかの予測、基本的には一つだが、ケネディ大統領の暗殺を当てたことで有名である。驚いた人がいるかもしれない。だが、彼女のそのほかの予測は間違っていて、まったく報道されなかった。ディクソン女史の伝記作家で、弟子でもある、ルース・モンゴメリによると、名高い透視能力者たるディクソンは、ロシアと中国が一つのルールのもとに統合され、ＣＩＯ（産業別組合会議）議長であるウォルター・ルーサーが大統領選に立候補し、癌の治療が二〇世紀中葉に研究段階から抜け出し……といったことを予言した。

さて、もうポイントはおわかりだろう。ニューヨーク州立大学バッファロー校に拠点を持つ学者のグループ、超常現象学術調査委員会は、ジーン・ディクソンの記録を研究し、それは、普通の人々の予測と変わらないと結論づけた。

有名な予言者によって眩惑されるのは簡単だ。将来を見通すという超能力には催眠的な魅力があるからだ。お金の世界ではとくにそうだ。数年にわたり頻繁に正しい予測をした予言者は、べらぼうな数の信奉者を魅了し、信奉者の数が膨れ上がるので、予言者の予言は自ずと実現することになる。

株式市場の予言者であったジョセフ・グランビルの場合がそうだ。一九八〇年代のはじめには、非常に多くの人々がグランビルの予想をもとに意思決定を行なっていたので、彼が起こると言えば、信奉者たちがそれを信じて取引するために、予想が現実のものになった。つまり、彼が「株価は下がる」と言えば、その予想が、株式保有者たちを恐れさせ、市場から撤退させてしまう。そして、株価が下落するのだ。

こうした現象は、一九八一年のはじめに実際に起こった。グランビルが、彼の信奉者たちに、すべての株式を売却するよう告げたのだ。この有名な警告が発せられた翌日、株式市場は暴落し、ダウは二三ポイント下落した。ウォール街の誰もが驚きの声をあげた。なんて力のある予言者なんだ、グランビルは！　相場の暴落自体は一時的だったが、その強烈な印象は長らく残った。

第四の公理の例外がここにあると考えるかもしれない。ほとんどの予言者は二セントの価値もないが、グランビルのような予言者にお金を預けることは良いアイデアかもしれない、と。彼の予測が自己実現するのであれば、彼の推奨に従うことによって、ほとんど確実に勝てるのではないだろうか。

そうではない。たとえ自己実現しつつある予言であっても、確実に実現するわけではない。一九八一年の後半、グランビルはもう一つの予知能力をテストした。彼の水晶玉は、株式市場は九月二八日の月曜日に再び下落すると告げた。グランビルは、これを世界に発表した。一部の投機家は、これを根拠として株式を売り持ちにしたり、プット・オプションを購入した。グランビルと同じように、彼らも暴落が起こることを確信していた。

ところが、ニューヨーク証券取引所はその日、過去最高の上昇を記録した。その翌日、日本と欧州の市場が追随した。

グランビルの信奉者は困惑したが、困惑する必要などなかったのだ。グランビルも、ほかの人間と同じように、勝つこともあれば、負けることもある。そのことが、単に示されただけだ。

＊＊＊

すべての予言者は、時々正しいし、時々間違っている。どちらかというと後者のほうが多い。前もって、誰の予言がそうなるかはわからない。誰かに予言を告げる立場になるためには、予言者の予測について予測しなければならない。もしもあなたが予言する自信があるのなら、予言者など必要ない。予言する自信がないのであれば、予言者を信用することもできないはずだ。つまり、将来を垣間見ようとする実りのない行為など忘れてしまうべきだ。

もう一つの例を見てみよう。一九七〇年に、ドナルド・ロジャーズという金融分野の編集者、コラムニスト、賢者が、『それを使って、インフレに勝つ方法』という本を出版した。この本は、金を買うべきでないという非常に間違った助言を含んでいたことで有名である。しかし、われわれは、予測が間違ったことについて、ロジャーズを許すことができる。金は、当時の水晶玉にとって共通の死角だった。もっと興味深いのは、この予言者が、来年上昇すると考えた普通株のリストであった。

彼の推奨銘柄のいくつかは、その後数年の間にかなり上昇した。たとえば、ワーナー・コミュニケーションズである。この株を一九七〇年に買っていれば、同社が一九八三年の中旬に問題に直面するまでは、どの時期に売却してもかなりの利益を得ることができたであろう。ＩＴなど、そのほかのロジャーズの推奨銘柄は悲惨な結果となった。

ここで疑問なのは、もしあなたが一九七〇年にロジャーズの生き残りマニュアルを読んで、その予言の一部を受け入れたらどうなっただろうか。

それは、あなたの運に依存していただろう。もし、彼のリストから勝者を選択していたら儲かり、もし敗者を選択していたら損をしたはずだ。運が、どんなときも結果をコントロールする。だからこそ、そもそも予言者に聞くこと自体が疑問なのだ。

あとになってから、ロジャーズなどの予言者をやり玉にあげるのは不公平かもしれない。いまになってから、一九七〇年代に何が良い投機で、何がそうでなかったかを言い当てるのは簡単だ。予言者たちは、「どんな権利があってわれわれの間違った推測をすべて列挙するのだ。おまえならもっとうまくやれると言うのか。おまえはそんなにすごい予言者なのか」と私に挑戦し、自らの予言を正当化しようとするかもしれない。

いい質問だ。いや、そうではない。私は予言者ではない。私は、将来を予見しようと真剣に試みたことはないし（将来についていつもあれこれ思いを巡らしてはいるが）、そして、将来を読めると言ったこともない。事実、何ページも使ってそんなことはできないと述べたばかりだ。一方、われわれがここであげつらってきた人々は、将来を見ることができると主張した人々である。彼らは自ら賢者のふりをして、信奉者からお金をとる。自分たちの予言に基づいて重大な決断を下す人々がいることを認識している以上、予言者が自らの予測の責任をとるのは、まったく当然のことである。

もし、彼らが商売として予測を提供しているのであれば、われわれはそのサービスを批判的に精査し、それがどのくらい良いものかを判断する権利がある。

結論は、たいして良いものではなく、予言者の言うことを聞いても利益は得られないというものだ。

＊＊＊

予測が可能なこともある。たとえば、われわれは毎朝何時に太陽が昇るか正確に知っている。潮位表は数ヵ月前にできている。私が毎年一月に銀行から無料でもらうカレンダーには一二ヵ月間の月の満ち欠けが記されている。天気予報はそれほど正確ではないが、それでも合理的に信頼できるし、信頼性は増しつつある。

予測が可能で信頼できるのは、自然現象が対象だからである。しかし、チューリッヒの公理は、お金の世界を対象にしており、人間模様についてのものである。人間模様は、どんな方法でも、誰にも、絶対に予測できない。

お金の世界の予言者が陥る罠の一つは、人間の行動を相手にしているということを忘れてしまうことだ。彼らは、インフレ率やダウの上昇や下落について、あたかも自然現象であるかのように話す。賢者は、当然のことのように、現象は予測の通りに起こると幻想する。しかし現実には、すべてのお金の現象は人間の行動の発現である。

たとえば、株式市場は人間の感情を巨大なエンジンとして動いている。株価が上昇し下落するのは、人々が行動し、考え、感じることが原因である。特定の企業の株価が上昇するのは、会社の決算や将来の見通しが客観的に良いからではなく、人々が見通しは明るいと考えるからである。市場は、どこかのコンピュータが、売り圧力が上昇しつつあるという計算結果を弾き出したから下落するのではなく、人々が心配したり、失望したり、恐れたりするから下落するのだ。あるいは単に、四連休が来るので、多くの投資家が海辺に出かけるために下落するのである。

GNP、住宅着工数、インフレ率など、エコノミストが相手にするのが大好きな経済指標についても同じである。すべては、人間の相互作用の結果であり、人々が生き残りと生活向上を求めて、永遠の争いのなかで絶え間なく努力している結果である。

これらの経済指標が人々の感情をかきたてる最終結果として、相場が成り立っている。すべては人間が起こしたものである。

つまり、完全に予想することはできないのだ。

たとえばインフレ率を予想するとしても、あまりにも多くの変数が関与しているため、信頼に足る予測などできはしない。インフレ率は、数百万の人々による、数十億の決定に起因する。

労働者が自分たちが支払ってほしい賃金、上司たちが支払いたい賃金、消費者が受け入れることのできる価格、誰もが感じる苦痛、繁栄、恐怖、安心、不満、快活さなど。これら信じ難いほどの複雑な事象について、信頼しうる予測ができると主張するのは、馬鹿げていると言えるほど傲慢に思える。

公理が説くように、人々の行動は予測できない。お金の世界の予測がすべて人間の行動に関するものである以上、真剣にとらえるべきではない。

＊＊＊

予測を真剣に受け取ると、あなたは、暗く、憂鬱な谷に陥ることになる。とりわけ株式市場における予測は、おそらく最も悲劇的な結末をもたらすことになるだろう。一例として、一九八三年にバリュー・ライン・インベストメントが行なった、アップルコンピュータの業績に関するアンケートを考えてみよう。

バリュー・ラインは定期的に予言者的な有料サービスを提供しており、今後一年間の「パフォーマンス」と彼らが呼ぶもので株式を評価する。別の言い方をすると、いくつかの銘柄について、彼らが、将来何が起こると考えているかを示すものだ。

ここ数年については、バリュー・ラインの成績はかなり良いと言わなければならない。しかし、われわれは、ドナルド・ロジャーズと彼の一九七〇年の買い銘柄リストについて議論したときと同じ問題に直面する。もし、あなたがバリュー・ラインの購読者で、その予測を福音として受け入れるのであれば、あなたの資産の運命は、間違った予測を無視して、正しかった予測を選べたかどうかによって決まることになる。

もちろん、間違った予測があった。最悪なのは、アップルコンピュータに関する予測である。一九八三年七月一日、バリュー・ラインは「パフォーマンスのために選ばれた銘柄」というリストを発表した。そのエリートの一つがアップルだった。同社の株価はそのとき約五五ドルだった。

数ヵ月後、株価は一七・二五ドルに下落した。

アップル株の暴落は、もちろん、バリュー・ラインが七月には予想することができなかった出来事によってもたらされた。賢者は、常に、間違った予測の説明に際し、「不測の事態」を嘆くことができる。しかし、それがまさに問題なのだ。すべての予測は、予想できない出来事が起こるリスクにさらされている。人間の行動は、一〇〇パーセント予想できる出来事の合成ではない。すべての予測は不確実である。どれも信頼できるものではない。

一九八三年七月にアップル株を購入した多くの人は、それが底入れする前に売却したに違いない。第三の公理に従って行動している人は、損失が小さいうちに船から飛び降りただろう。しかし、そのような早い段階での中断が不可能なケースもある。あなたが警戒を怠っていれば、間違った予測によって、何年にもわたり損を抱え込むことになるかもしれない。

たとえば、一九七〇年代のはじめに銀行から長期の譲渡性預金を購入した、哀れな人々のことを考えてみよう。前述したように、エコノミストは、金利はその一〇年の最初に上昇して、のちに徐々に低下すると予想していた。予想の前半は正しかった。金利は上昇した。銀行は、かつて聞いたことのない七パーセントや八パーセントという金利で、四年物や六年物という長期の譲渡性預金を提供し始めた。

一九七〇年当時、これは非常に高い金利であった。それだけの高金利の恩恵を享受するためには、もちろん、決められた年数だけお金を預け続けなければならない。どうしてもお金を引き出したければ、特別な手間と苦痛を伴うべらぼうな違約金を支払う以外に術はない。それでも銀行は、多くの人々から多額のお金を預かることができた。エコノミストの予測を繰り返し宣伝することによって、それが可能になったのである。

「見てください。七パーセントも稼げるのですよ」。銀行員は、震える手の中に一生大事にしてきた蓄えを持って、順番を待っている夫婦に言った。「こんな高金利をかつて聞いたことがありますか？　これ以上の利回りを手にすることが想像できますか？　こんな機会は二度とありませんせん。可能なうちに、つかんでしまえばいいのです。すべての有名なエコノミストは、来年そして再来年と金利は低下すると言っていますし、当行のエコノミストもそれに同意していまます。七パーセントの金利で預けてしまいなさい。そうすれば楽になりますよ！」

おそらく、すばらしいアドバイスに聞こえたに違いない。予測が外れるまでは。

金利は、誰も夢にも思わなかった水準まで上昇した。七〇年代の終わりには、銀行の六ヵ月物譲渡性預金の金利は、一〇パーセントや一一パーセントという、目をみはらせる水準になっていた。

このような高金利の六ヵ月商品はたいへんな人気を博した。多くの人々がそれを望んだ。七パーセントで六年間も縛られているお金の持ち主も含めて。

投機戦略

第四の公理は、決してうまくいかないので、予測に基づいて投機を行なうなと教えている。すべての予言は無視しなければならない。人間の行動によって形成されるお金の世界では、将来何が起こるか、誰にも、微塵も確かなことはわからない。「誰にも」というところを、とくにマークしておいてほしい。

われわれは誰でも、何が起こるかあれこれ考え、心配をする。しかし、予測を学ぶことによってその心配を回避しようと考えるのは、貧困の法則である。成功する投機家は、おそらく起こるであろうことについて行動したりせず、その代わり、起こったことに反応する。

現時点で実際に起こりつつあると、目の当たりにすることができる出来事にすぐに反応すること。このことを基本に投機を考えるべきである。投資することを選択して、そこにお金を入れる以上、あなたは、将来が明るいという期待を心に抱くだろう。期待は、おそらくは慎重な調査と深い考えに基づいているのだろう。お金を投資するという行動は、ある種の予測である。だからあなたは、「私はこれが成功すると期待する理由がある」と言うかもしれない。しかし、それを「金利は低下するから、この投資はうまくいく運命にある」というように、予言者のご託宣のように絶対的なものだと考えてはいけない。自分が間違った賭けをしたという可能性に目を瞑ってはならない。

もし、投機がうまくいき、計画していた手仕舞いの水準に近づいているのであれば、いいだろう、そのままでいい。しかし、すべての予言者が約束したにもかかわらず、投機がうまくいっていないのであれば、第三の公理を思い出せ。逃げ出すのだ。

The Fifth Major Axiom
On Patterns

第五の公理
パターンについて

カオスは、それが整然と見え始めない限り危険ではない。

イェール大学の著名な経済学教授アービング・フィッシャーは、株式市場で大金を儲けた。彼の、申し分のない学問上の信用と実際の投資の手腕に感心して、人々は助言を求めて彼に群がった。「株価は永遠に高止まりを続けるように思える」と、フィッシャー教授は一九二九年九月に発表し、その直後に、彼はウォール街の史上最悪の暴落によって破産した。

まさに、そういうことなのだ。金融の問題を含め、人間に関することで秩序あるデザインを見い出したと思った瞬間に、あなたは危険にさらされる。

フィッシャー教授は、自分が賢いから市場を打ち負かしたのだと確信したかもしれないが、実際には、彼は単に運が良かっただけだ。彼は、カオスの中にパターンを見い出したと思い、儲かる公式と戦略を開発することが可能なはずだと確信した。さらに、そのような公式と戦略を開発したのだと信じた。

哀れなフィッシャー教授。運命は、彼をしばらく好調の波に乗せ、そのために、彼はより遠くに落ちることになった。数年の間、彼の秩序の幻想は、現実によって正当化されたように見えた。「ほら！」と彼は言った。「思った通りだ。株式市場は私が計算したように動いている」そして、ドカン！と底が抜けた。彼の秩序には幻想がまとわりついていた。一連の幸運が終わりを迎えることに対して、フィッシャー教授は準備ができていなかった。彼と、誤った方向に導かれた多くの投資家は、下水溝に転がり落ちていった。

フィッシャー教授がはまった秩序の幻想の罠に、ほかの多くの人々もはまった。この罠は、これからもずっと、投資家や投機家、ギャンブラーたちを陥れることになるだろう。

それは、ウォール街だけで無用心な人々を待ち構えているのでなく、アートギャラリー、不動産オフィス、カジノ、アンティークのオークションなど、人間がお金を儲け、失う場所であればどこでも、不用心な人々を待ち構えている。幻想を抱きたくなる気持ちも理解できないわけではない。結局、お金以上に秩序正しいものがあるだろうか。どんなに世界が無秩序になったとしても、二五セント玉が四つで一ドルであることに変わりはない。お金は冷淡で、合理的で、道理に基づいた分析や操作には従順だ。もし、あなたが金持ちになりたいのであれば、健全で合理的なアプローチを見い出すだけでいいように思える。つまり、公式だ。

誰もがこのような公式を探しているが、残念ながら、そんなものは存在しない。

真実は、お金の世界にはパターンがなく、無秩序で混沌としているということだ。パターンは、曇った空の中や、大海の泡の中に見い出せるように、時折、現れるようだ。しかし、それは儚《はかな》い。計画の健全な基礎にはならない。魅惑的で、常に、フィッシャー教授のような賢い人々を惑わす。しかし、本当に賢い投機家は、それが何であるかを認識して無視する。

これが第五の公理の教訓である。最も重要な公理かもしれない。それは皇帝の公理とも言えよう。一度つかめば、あなたは偉大な学問的功績を遺したフィッシャー教授よりも賢い投機家／投資家になれるだろう。この公理を自分のものにすれば、希望を持った粗忽者や敗者の群より、一段上のクラスに上がることができるだろう。

秩序についての最大の幻想は、芸術の世界に不意に現れる。目をみはるようなスピードで巨万の利益が転がり込むことさえある世界である。秘訣は、注目される前の安い芸術家を見い出すことだ。一七世紀のフランス人画家、ルイス・モイロンのように。ある女性が最近、モイロンの絵を田舎のオークションで一五〇〇ドルで購入した。一年もたたずに、モイロンは注目を集めるようになり、同じ絵がニューヨークで一二万ドルで売れた。

すばらしい体験だ。彼女は大いに資産を増やしたに違いない。しかし、どうすれば仲間に加わることができるだろう。無名の芸術家がそんな注目を集めるようになると、どうしたらわかるだろう。

芸術の価値を正確に鑑定できるという専門家はいる。彼らは、誰もわからないパターンを見ることができる。公式を持っているのだ。まだ世間が注目しておらず、価格が安い段階で、偉大な芸術を見い出すことができるのだ。彼らは田舎のオークションに出かけ、ほかの誰もが目的の物を見つけられずに手探り状態でいるのに、「これは来年、ニューヨークで何十万ドルの金額で売れるだろう」と言う。それならば、あなたの最良の賭けは、こういった目利きに相談することだ。そうだろうか？

ザ・ソブリン・アメリカン・アート・ファンドは、このような目利きの能力を信じて設立された。このファンドは、基本的にはユニット型投資信託である。美術品を売買することによって、ファンドへの投資家を金持ちにすることを目的としている。美術品の売買は、オークションで有名なサザビーズの美術専門家たちの判断によって行なわれている。彼らの優れた批評に基づいて、起こりつつあるトレンドや未来のモイロンを、ほかの芸術愛好家が注目する前に見つけ出すというふれこみだ。

美しい秩序の幻想である。このファンドは、大口から小口までさまざまな投資家を魅了した。ファンドが新規上場したときに、一ユニット当たりの純資産価値は六ドルだった。

誰も考えなかったようだが、芸術のように危険なゲームにおいては、たとえ専門家のグループであっても、不注意なアマチュアの集団と同様に、簡単に不運を経験する。ソブリン・ファンドが購入した名作は当初は将来有望に見え、上場から数ヵ月後には、純資産価値が三〇ドルになった。当初の投機家たちは、少なくとも儲けることができた。しかし、それから暗闇が広がった。購入した名作は期待されたほどは注目を集めなかった。無名の芸術家は、より無名になった。一つの高価な絵画は、偽造品だと疑われた。純資産価値は下落した。上場から二年後に、ファンドの純資産価値は七五セントになった。

＊＊＊

ウォール街の投資信託にも、同じような話がある。カオスの中でパターンを探すことがいかに無駄で、結果的に、とくに三流の投機家にとってどんなに危険かを、明快に示している。

投資信託の、制限のないように見える契約を考えてみよう。大衆の膨大なお金がまとめられ、第一級のプロフェッショナルによって運用されている。これらの人々の学歴は輝かしく、彼らの給料もまた輝かしい。アシスタントの集団が彼らの世話をする。市場のデータやファイナンス理論の巨大な図書館を自由に使うことができる。コンピュータなどの高価な道具も完備されている。彼らは、疑いもなく、世界で最も高い教育を受け、最も高い給料を取り、最も整った装備を身につけた投資理論家である。

もしも無秩序の中に利用できるパターンを識別することができて、うまく機能する市場の公式を開発することができるのなら、彼らこそ、それが可能なはずだと思うだろう。まったく、彼らはとっくに公式を完成させていたはずだ。

しかし、これまでのところ、公式は彼らをうまくすり抜けてきた。

悲しい事実がある。投資信託のファンドマネジャーは、その他すべての投機家と変わらないということだ。彼らは、勝つこともあれば、負けることもある。彼らについて言えることはそれだけだ。あれだけの強力な頭脳集団、あれだけのお金、あれだけのコンピュータを持っていても、投資信託のファンドマネジャーは、頭痛持ちで一二ドル九八セントの電卓を頼りに売買を繰り返している男よりも、賢くもなければ、うまくいくこともない。ときとして、投資信託は市場平均よりも悪い成績を残すことがある。フォーブス誌は、かつて、弱気相場のときの投資信託の純資産価値のパフォーマンスをグラフにして、一〇のうち九のファンドが、株式市場全体と同様か、あるいはそれよりも大きく下落したことを突き止めた。

しかし、ファンドマネジャーは、あの魔法の公式を忍耐強く探し続けている。そうするために給与をもらっているからだが、それればかりではなく、彼らはどこかに公式が存在していて、自分たちとコンピュータは、それを見つけ出すことができるほど賢いと、純粋に信じているからである。

あなたや私は、もちろん、彼らがその公式を見つけられないのは、そんなものが存在しないからだと知っている。

もちろん、あなたは幸運で、正しいときに正しいファンドを選択できれば、ファンドに投資することによってお金を儲けることは可能である。つまるところ、ファンドに投資することは、個別銘柄や芸術作品、あるいは、あなたが選択したゲームと同じくらいリスクがあるということだ。

一部のファンドマネジャーは、今年はほかのファンドマネジャーより幸運かもしれない。一部のファンドマネジャーは注目を集めるだろう。彼らのファンドの純資産価値は、平均より早く上昇（あるいはよりゆっくりと下落）するだろう。しかし、問題はどのファンドか、ということだ。

ほら、振り出しに戻っている。もし、ファンドで投機を行ないたいのであれば、あなたは、株式、芸術、商品、通貨、貴金属、不動産、アンティークの取引やポーカーをしているときに遭遇するのと同じ種類のカオスに直面することになる。ゲームのルールは、投資信託だろうが、そのほかの投資対象だろうが、あなたにとっては同じことだ。とりわけ投資信託では、存在しない秩序を認めて騙されてはならない。冷静な判断力と、公理に従った行動を維持するのだ。

そして、投資助言を読んだり、聞いたりするときはいつも、話半分で受け流しておけばいい。ほとんどのアドバイザーは、商品を売るために、ある種の秩序ある幻想を用意している。幻想自体が商品なのだ。

そのような幻想は、心地よく、展望に満ちているように思える。ひどく負けた経験をもち、あるいは、無知や恐怖によって投資機会を失ったと感じている三流の投機家は――いったい誰がそうではないのか――金儲けのための、もっともらしく秩序あるアプローチを提供するアドバイザーに群がるだろう。しかし、すべての投資アドバイザーを懐疑的に見なければならない。彼らがより冷静で、銀行家のように見えれば見えるほど、信用すべきではない。

投資アドバイザーが冷静で、銀行家のように見えるほど、彼が、カオスを解明したことがないことや、解明する希望もないことや、ほかのアドバイザーと同様にヤマを張らなければならないことを、すぐに認める可能性は小さい。

アルフレッド・マラブレ・ジュニアは、経験から多くを悟った投機家の一人である。マラブレは、ウォール・ストリート・ジャーナルの編集者だったが、海外に長期の出張を命ぜられた際に、自身の投資について助けが必要だと思った。賢明かつ慎重な誰かに、彼が留守の間、株式ポートフォリオの面倒を見てほしかったのだ。たいして大きなポートフォリオではなかったが、当然、彼はそれを守りたかった。彼がいない間に市場が暴落したり、何かが起こった場合に、誰かがそこにいて、株を売却するか、あるいは必要と思われる何かをしてほしかった。

それで、彼はまわりを見回した。『八〇年代の儲かる投資術』という著書で述べているように、彼の目は、現在はシティバンクとして知られるファーストナショナル・シティバンク・オブ・ニューヨークに向けられた。多くの銀行と同じように、シティバンクは、ポートフォリオ運用サービスを提供していた。あなたがまとまった資金を持っていて、自分自身で運用したくない場合、あるいはマラブレのケースのように、一時的にそうすることができない場合には、資金を銀行員に預け、彼らがあなたに代わって運用する。もちろん手数料がかかる。

さて、マラブレを自分自身だと考えてみてほしい。これは自分にとって良い問題解決策かもしれない。世界的にも大手の銀行、シティバンクだ。彼らがお金について知らないことは、おそらく知る必要がないことだろう。わずかばかりのお金を彼らに委ねることで、何かまずいことが起こるだろうか。これ以上信頼がおけて、より慎重で、より賢明な保管銀行がどこにあるだろうか。彼らは絶対に、自分がいない間にお金を失うことはないだろう、もしかしたら、大金を儲けてくれるかもしれない。

それが、マラブレが思ったことだった。

彼は、きわめてもっともな秩序の幻想を患っていた。巨大なニューヨークの銀行以上に秩序立った存在があるだろうか。正規の教育を受けたことのない孤独な投機家なら、騙したり、ごまかしたり、あるいはポートフォリオを台無しにしてしまうことがあるかもしれない。しかし、まさか銀行がそんなことはしないだろう。銀行は、鍵をかけた金庫室に、公式を隠しているに違いない。銀行は、いつも、何をすべきか知っているだろう。

結局のところ、銀行は、マラブレをほとんど一文無しに近い状態にした。彼らは一株一一九ドルでエイボン・プロダクツの普通株をかなり購入した。二年後、その株は一株二〇ドル程度で売買されていた。彼らは、シアーズ・ローバックの株式を一株一一〇ドルで購入し、それが四一・五〇ドルになるまで眺めていた。さらに、ＩＢＭの株を一株四〇〇ドルを若干下回る水準で購入したが、それは一五一ドルに凋落した。結局、自分自身で緊急行動をとることによってのみ、マラブレは惨事を回避することができた。

彼にとっては苦痛きわまりないが、われわれに教訓を提供してくれる話だ。マラブレはシティバンクで学んだ教訓を決して忘れないだろう。幸い、あなたは傷つくことなく、同じ教訓を学ぶことができる。カオスのなかに何かが見えると主張する投資アドバイザーは、警戒すべきだということだ。秩序が見えると主張する投資アドバイザーほど信頼に値しない。

秩序の幻想を信頼すると、あなたは自分自身を危険な眠りに誘うことになる。起きていろと、明確に指摘するチューリッヒの公理は存在しないが、そうすることが必要なのは、すべての公理において暗黙の了解なのだ。自分自身を居眠りさせてはならない。起きてみたら、自分のお金がなくなりつつあることに気づくかもしれない。

＊＊＊

もし、知的で楽しい午後を過ごしながら、秩序の幻想の実体について考えたいなら、近所の図書館に行って、金持ちになるためのハウツー本を手にとってみるといい。小さな図書館でさえ、その類の本の棚が一つか二つはあるはずだ。おそらく、あなたが個人的に興味をそそられるような分野を含め、多種多様な投資関連書籍が見つかるだろう。不動産で金持ちになる方法。珍しいコインで大儲けする方法。切手収集ビジネス。株式、債券、金、銀……リストは際限なく続くかもしれない。

これらの本の特徴に気づいてほしい。ほとんどは、本に記述された方法によって金持ちになったと主張する人々によって書かれている。『私が豚腹肉《ポークベリー》でどうやって肥ったか』が典型的な本のタイトルだ。

これらの著者は真実を語っているだろうか？　もちろん。彼らが解釈した通りの真実を語っているに違いない。

必要以上に皮肉る必要はあるまい。彼らは、ほとんどありのままを伝えようとしているのだろう。書いてある通りの方法で大金を積み上げたのだ。しかし、われわれは著者の秩序の幻想のカモになってはいない。

著者は、自分が勝利の公式を見つけたので金持ちになったと信じている。しかし、事実はわれわれのほうがよく知っている。単に幸運だったから金持ちになったのだ。

どんな中途半端な金儲けの方法でも、あなたに運があればうまくいくだろう。けれども、あなたが不運なときは、どんな方法もうまくいかない。著者のなかには、幸運の役割を認めている人もいる。しかしチューリッヒの公理は、幸運の役割を認めるに留まらない。運こそが、投機の成功や失敗において最も強力な要因であるという基本的前提に立っている。

しかし、著者のほとんどは、運を無視したり、存在しないふりをしたり、あるいは、その部分の話をできるだけ省略しようとする。シティバンクの銀行員のように、ソブリン・アメリカン・アート・ファンドのファンドマネジャーのように、彼らは、痛みを和らげる薬、つまり、秩序あるアプローチ、管理できるという感覚、を売り物にしている。「さあ、私の手をとって。恐がることはありません。私はどうすればいいのか知っています。こうやれば成功します。このシンプルな方法で、順番通りにやっていけば、きっとうまくいくのです」

お望みなら、あなたはこのようなレッスンに、おそらく破滅するまでつきあうことができる。昨年うまくいった公式でも、お金をめぐる環境が変化していれば、今年もうまくいくとは限らない。また、あなたの隣人にとってはうまくいった公式でも、公式を成り立たせる変数は、ランダムな出来事の組み合わせによって異なるので、あなたにとってうまくいくとは限らない。

現実は、幸運の重要な役割を無視した公式は決して信頼できないということだ。これは、第五の公理が説く、偉大で、解き放たれた真実である。

幸運の役割は、著者が時として間違ったことを記述するという事実とともに、二人の賢人が正反対の助言を与えることがよくあるという事実によっても確認できる。たとえば、われわれの本棚に、『ウォール街で三年ごとに二倍儲ける法』というルイス・オーウェンの著書と、『高値と安値の理論』というサミュエル・C・グリーンフィールドの著書があるとしよう。

オーウェンは、過去一二ヵ月の最高値に近づいているか、最高値を記録した銘柄を買うべきだと言っている。彼の秩序の幻想は、彼が呼ぶところの「勢い《モメンタム》」が価格動向を継続させるというものだ。株価が上昇している銘柄は、今後も上昇し続けると。

一方のグリーンフィールドは、株価が過去一二ヵ月の最安値に近づいている、あるいは最安値を記録した銘柄を買うべきだと主張している。彼の秩序の幻想は、株価はおおむね予想可能な範囲内で上下するというものだ。したがって、安値に近づいている銘柄は間もなくに上昇に転じると、彼は言う。

二人の賢人のいずれもが正しいという道理はない。本当は、どちらも正しくない。真実は、株であれ、利益を期待して買うものの価格は、あなたが幸運であれば上昇するということだ。

副公理V

歴史家の罠に気をつけろ。

歴史家の罠は、とくに整然と見える幻想である。それは昔から存在し、歴史は繰り返すというまったく根拠のない確信を基本にしている。このような確信を持つ人々は、おそらく、それは地球上にいる一〇〇人のうち九九人までがそうだろうが、歴史の秩序ある繰り返しが、特定の状況における正確な予測を可能にするということを命題として信じている。

過去のどこかにおいて、Aという出来事のあとにBという出来事が続いたとしよう。数年後、

Aという出来事が再び起きたとする。誰もが「ああ、Bという出来事がもうすぐ起こる！」と言うに違いない。

この罠にはまってはいけない。ときには歴史が繰り返されることもあるが、めったに繰り返されないし、いずれの場合も、あなたがそれに慎重にお金を賭けることができるほど十分に信頼がおけるようには起こらない。

歴史家の罠の結果は、通常、ささいなものだ。「三回が終わったときに勝っていれば、彼らはゲームに勝つ」「彼女が飲みに出かけるときはいつも、会社で大変なことが起こり、彼女は遅れてくる」「ニューハンプシャー州の予備選挙に負けた人が大統領選で勝ったことはない」。人々は常に、そのような信頼のおけない期待にひっかかっている。もっとも、おかしなことかもしれないが、めったに危険であることはない。しかし、お金が関与すると、歴史家の罠は危険である。あなたを破滅に追いやる可能性があるからだ。

罠は、投資の助言ビジネスの至るところに存在している。ほとんどの投資アドバイザーは、状況を観察し、罠を避けることを学び、そして、出来事が期待通りに起こることはめったにないということも学んだはずだと、人は考えるかもしれない。しかし、そんなことはない。秩序の幻想、あるいはおそらく秩序の存在を信じたいという欲求は非常に強力なのだ。

ウォール街には、歴史家の罠から生まれた詭弁を弄する論客たちが数多く存在する。株式や債券のアナリストは、特定の銘柄や銘柄群が前回強気相場にあったときを振り返り、その時点で起こっていたすべての事実をかき集める。彼らは、ＧＮＰが上昇していて、金利は低下していて、鉄鋼業界はその年に利益が出ていて、保険業界は低迷していて、ホワイト・ソックスは最下位で、大統領の叔母のマチルダは風邪をひいていたことを知る。それから、状況が再び同じ構造になるのを待つ。前兆の一群が現れると「ほら！」と叫ぶだろう。「ピタリと一致している。新しい強気相場が始まるに違いない！」

そうなるかもしれないし、ならないかもしれない。

フランク・ヘンリーは、歴史家の罠に真っ逆さまに転落し、ほとんどそこで自滅した若い女性を知っていた。彼女は、スイス・バンク・コーポレーションで安い賃金で事務の仕事をしていたが、父親の遺産を多少相続したときに、そのお金を投資して、金持ちでも貧乏でもないという層の上に這い上がろうと固く決心した。フランク・ヘンリーは彼女の勇気に感心し、祖父のような気持ちから、彼女に求められたときには助言を与えた。

彼女は、自分が勤務する銀行で最初に学んだということもあって、通貨の取引に魅力を感じた。これはリスクの高いゲームであるが、勝てば相応に高い報酬が得られる。このゲームの基本は、世界の多くの通貨はお互いに対してその価値が変動するという、流動性にある。

ゲームを始めるためには、たとえばドルを売って日本円を買う。そして、円の価値が対ドルで上昇することを期待する。もしそうなれば、手持ちの円を、自分が売った以上のドルと交換するために喜んで手放すことができる。通貨の価値は変動が大きく、売買は通常、証拠金取引を基本としている。つまり、資金の一部を証拠金として差し出し、残りをブローカーから借りて行なうため、レバレッジが高い。お金を倍にすることも簡単にできるし、反対に、一晩でひどい仕打ちを受けるのも簡単だ。

ほとんどの三流の通貨投機家は、二種類の通貨に賭ける。その若い女性のアプローチもそうだった。彼女は、米ドルとイタリア・リラの間の相互作用について、とくによく理解していると感じていた。フランク・ヘンリーは、一度に一つのゲームだけするという彼女の決断を褒めた。初心者の投機家にとっては、悪い決断ではない。しかし彼は、彼女が歴史家の罠にはまり始めるのを見て心配になった。

彼女はある日、ヘンリーに、過去のドルとリラの相対的な動きについて徹底的に勉強したと言った。そのような勉強は、歴史は繰り返すという思い込みを持たずに勉強をする限り、どんな投資状況においても有益である。ところが、不幸にも彼女は、この間違った前提を置いていた。

彼女が勉強したところによると、スイス・フランが上昇していて、米ソ関係が冷たく、国際経済や外交においていくつかの指標があるシグナルを示している場合には、リラは常に対ドルで上昇した。そこで彼女は、指標が歴史的シグナルを与えるまでは待って、ゲームを開始する予定だった。

チューリッヒの公理は、彼女のゲームが始まったときには、まだ完全には明文化されてはいなかった。そのためフランク・ヘンリーも、彼女の誤った行動を特定するための「歴史家の罠」のような便利なラベルを持ち合わせていなかった。彼は精一杯、彼女と議論したが、彼女は興奮しすぎていて聞く耳を持たなかった。新しい金儲けの公式を発見した者に常に見られることだ。「彼女は魔法の鍵を見つけたと考えていた」とフランク・ヘンリーは悲しげに言った。「なぜ何千もの賢い人々がそれを長年見い出さなかったのかと私は訊ねたが、そんなことは彼女にはわからなかったし、どうでもよかったのだ。ある晩、若い男性とイタリアンレストランへ出かけたときも、彼女はとても興奮していて、食事の時間の半分を、レストランのウエイターと為替レートについて話すのに費やした」

ついに国際指標がゴーサインを出し、彼女は行動に出た。多額のリラを買ったのだ。そして、すぐに対ドルで下落し始めた。

「売るんだ！」とフランク・ヘンリーは、彼女が約一五パーセントのお金を失ったときに強く訴えた。

しかし、彼女の秩序の幻想は強すぎた。しなければならないことは待つことで、いずれ公式が正しいことが証明されると、彼女は思った。公式は過去においては常に正しかった。今回も違うはずはない。マーケットが間違っている！

しかし、彼女は世界を逆さまに見ていた。公式は間違っていた。マーケットは決して間違わない。マーケットはやるべきことをしているだけだ。予測もしないし、約束もしない。ただそれだけのことだ。それに異を唱えることは、猛吹雪の中に立って、明日まで吹雪は来ないはずだったと喚くようなものだ。

彼女は異を唱え続けた。マーケットは協力を拒否した。フランク・ヘンリーは、訊ねることは酷だと感じたので、いくら損したのか、決して訊ねなかった。しかし、彼女がリラを売却したときには、間違いなく無一文になっていたはずだ。

副公理Ⅵ　チャーティストの幻想に気をつけろ。

グラフ用紙に線を引くことは有効でもあるが、危険でもある。数字の変化を、より鮮明に見たいというだけなら、チャートはとても便利だ。けれども、それが実際よりも確実で、大げさに見えるときには非常に危険である。

チャーティストの幻想は多くの場合、歴史家の罠をグラフで拡張したものである。これはウォール街のチャーティストによって最もよく示される。彼らは、誰も理解できないような独自の専門用語、どれも似たり寄ったりの雑誌やニューズレターなど、秩序の幻想を独自に力強く視覚化した道具を愛用する。彼らは、株式、通貨、貴金属など、市場価格が頻繁に公開されるものすべての将来の価格は、過去の値動きをチャートに描くことによって突き止めることができると信じている。

チャーティストは、たとえば、ホー・ボーイ・コンピュータ社の株式など、特定の投資対象に自分の注意をしっかり向けることから始める。彼は、ホー・ボーイ社の株価の変動を示した何年もの記録を振り返り、これらの数字をグラフ用紙の上で点や線に置き換え、現われたパターンを研究する。とりわけ、ホー・ボーイ社の株価が、大幅な上昇や大幅な下落を始めた直前の揺らぎや波を探す。彼は、これらのパターンは繰り返されると信じている。次の機会に、同じような揺らぎと波の組み合わせを発見すると、新しい株価の上昇あるいは下落が始まったと結論を出し、しかるべき投機行動をとるのだ。

相場が期待通りに動かないと――期待通りに動くことのほうが少ないのだが――彼は、自分自身を心から責めるだろう。彼が後悔するのは、自分が十分に見極められなかったということだ。彼はただ、見つけるべきパターンさえわかれば、チャートを描くことによって相場を予測できると考えている。

彼は、すべての説明の中で最もシンプルな説明、つまり、株式相場にはパターンはないということを信じることができない。パターンはほとんど繰り返さないし、少なくとも予測可能な範囲において繰り返すことはない。株価のチャートを引くことは、海の波の泡のチャートを描くようなものだ。各パターンは一度現われれば、終わりだ。まったくの偶然によってのみ、それを再び見ることがある。たとえ再び現れたとしても、それは何も予見しないので、何の重要性もない。

チャーティストの幻想のもう一つの要素は、マス目の入った用紙に描かれた、一本の太くまっすぐな線が、おもしろくもなく、本質的に無秩序な一連の数字を、重要なトレンドのように見せることができる奇妙なやり方から生まれる。世界の詐欺師や偽の芸術家は、何世紀にもわたり、こうしたチャートの力を認識してきた。投資信託のセールスマンは、いつもそれを利用する。ファンドの一ユニット当たりの純資産価値は、じりじりと非常にゆっくり上昇してきたので、インフレ率の上昇にも追いつかないはずだ。けれども、チャートの時間枠を狭めて、おそらく彼らが議論したくない悪い年の隔たりを埋めることによって、セールス用のパンフレットにうってつけの、右肩上がりのチャートを作り出すことができる。その上昇する黒い線を見て、あなたは「すばらしい」と感じるかもしれない。

危険なのは、他人に騙されるだけでなく、自分自身をも騙してしまうかもしれないということだ。たとえば、ここ数年のリラの対ドル相場を描いたチャートを見るがいい。線は右肩上がりである。それだけ見れば、「いますぐ参入すべきだ」と考える人がいても不思議ではない。

しかし、少し待ってほしい。チャートの向きだけにとらわれてはいけない。そのチャートが、本来表しているはずの数字を見てほしい。チャートはリラの年間の高値だけを描いているのかもしれない。年間の安値を示すチャートは、おそらく下向きになるだろう。本来、リラとドルの関係は、いくつもの上下動がいくつも連なった線で表されるべきである。上向きのなめらかな線のみによって示される、穏やかで安定した変化は幻想である。チャートは無秩序の一部をなぞっているにすぎない。

チャートの魔術に欺かれてはいけない。チャートの線は、常に、たとえカオスを描いていたとしても、心地よく秩序があるように見える。

人生は、決して直線の上を進むことはない。大人は皆、そのことを知っている。しかし、われわれはチャートを凝視しているとき、簡単にそれを忘れてしまう。

ヘイ・ワオ・エレクトロニクス社の収益を表したチャートを見てみよう。チャートはヘイ・ワオ社の年次報告書のために特別に用意されたもので、四色の美しい色で完全な繁栄を描写している。この右肩上がりの線は、とても太く、まっすぐで、決して止まらないかのように見える。誰もその秩序を崩すことはできない。折れ曲がることなど、ほんのわずかしかない。まるで永遠に上昇するかのように思える。

しかし、それに賭けてはならない。

副公理 VII

相関と因果関係の妄想に気をつけろ。

毎日、通りの角に立ち、腕を振り、不思議な叫び声を発する男についての古い話がある。ある日、警察官が彼に近づいて、何をしているのか訊ねた。「私はキリンを追い払っている」と男は答えた。「でも、この辺にはキリンはいないだろう」と警察官は言った。男は「いい仕事しているでしょう?」と言う。

存在しない原因と結果の関係を知覚してしまうのは、合理的な心をもつ人間の特徴である。必要とあれば、でっちあげてしまうのだ。

人間の心は秩序を求める。カオスを見るのが不快で、もし、現実から幻想に逃げてしまうことが満足のいく唯一の解決方法ならば、人はそうしてしまう。

二つあるいはそれ以上の出来事が接近して起こるとき、われわれは、それらの出来事が関連しているほうが心地よいので、複雑な偶然の関係を組み立てようとする。

それは、たいへん危険なことだが、われわれは通常、手遅れになるまで気づかない。

個人的な例を話そう。何年も前のことで、フランク・ヘンリーと私がチューリッヒの公理を話し合う以前のことだ。私は、IBMとハネウェルの株の間で行ったり来たりしながら、多少のお金を稼いだ。その頃、ハネウェルは、大型の汎用コンピュータの生産に注力しており、会社の規模も今日よりずっと大きく、IBMと直接的な競合関係にあった。一八ヵ月かそこらの間に、私は、この二銘柄の株価がよく反対方向に動くことに気がついた。ハネウェルが数週間上昇している間、IBMは下落する、その逆のこともある。私は、かなり賢い金儲けだと考え、多少のお金を投資した。つまり、ハネウェル株が上昇しているときに買い、飛び降りて、IB

Ｍを安いときに買って、それが上昇したら売り、次に……という具合だ。

数回は、まあまあうまくいった。幸運だったのだと認識すべきだったが、私はその頃、それほど賢くなかった。自分が観察した現象に合致する関係を認識できていたから、うまくいったのだと考えた。

私は、投資信託や保険会社などの機関投資家と大口の個人投資家が、定期的に巨額の資金をＩＢＭ株とハネウェル株の間でシフトしているという理論を立てた。ハネウェルが魅力的な新しい商品を発表したり、あるいはほかに好材料が出ると、それらの仮想の金持ちはハネウェル株を買うためにＩＢＭを売る。そして逆の場合は、ＩＢＭ株を買うためにハネウェル株を売る。このにわかづくりの理論が正しければ、二つの株価の正反対の動きを説明できる。

本当だろうか？　九分九厘間違っていただろう。疑いもなく、秩序ある株価の動きに見えたものは、単なる偶然の出来事によって引き起こされていたにすぎない。これらの出来事はランダムで予測不可能なものだ。両銘柄の相反する動きが過去に何回か起こったという事実は、それが将来にも起こることを暗示するものではないし、暗示するものとしてとらえるべきではなかった。しかし、私のにわかづくりの理論は、ほんの小さな動き《メヌエット》が全体を現実以上に秩序あるものに見せかけるのに十分だった。そして、私は自信を持って、かなりのお金を賭けた。

私は、安値だと考えたときに、かなりのハネウェル株を購入した。するとすぐ、ハネウェル株とＩＢＭ株が両方とも同時に、猟銃に尻尾を吹き飛ばされた二羽のアヒルのように落っこちた。何が起こっているのかを理解して、自分の秩序の幻想から覚醒するまでに、私は投資金額の約二五パーセントを失った。

実際に原因が作用していることを本当に確かめない限りは、すべての仮定を最大限疑ってかかるべきだ。いくつかの出来事が同時に起こっていたり、相前後して起こっているところに遭遇したとしても、確固たる証拠がない限りは、それは偶然の結果であると考えるべきだ。常にカオスを相手にしていることを理解して、物事を処理すべきだということを覚えておかなければならない。公理が教えるように、カオスは、それが整然と見え始めない限り危険ではない。

お金の世界では、とても多くの人々が、必死になって秩序あるパターンを追い求めるので、ウォール街のような場所は常に、あれやこれやの因果関係を暗示するアイデアに満ちあふれている。それらの因果関係のなかには、たいへんもっともらしく見えるものもあり、そう見えないものもある。それらはすべて、秩序を愛する人間の心にとって、ある種の魅力を放つ一方で、ある種の危険を内包している。

たとえば、共和党の初年度のジンクスとして知られる現象がある。一部の人には嘲笑されたが、このジンクスを真剣にとらえた人たちもいた。二〇世紀の初頭から、株式市場は、常に、共和党の大統領が誕生した最初の年には低迷した。最初の任期でも、二度目の任期でもそうだった。ハーバート・フーバーのときに一度、ドワイト・アイゼンハワーのときに二度、リチャード・ニクソンのときに二度、ロナルド・レーガンのとき（この原稿の執筆時）に一度起こっている。ジェラルド・フォードの変則的な三年任期の最初の一二ヵ月間でさえ起こった。

最初の疑問は、なぜ?そして第二の疑問は、そのとき、投資家はどうすべきか?である。

最初の疑問に対する最も有望な答えは、この現象は、新しく就任した大統領の政党とはまったく関係のない偶然の出来事によって起こったということだ。市場動向との偶然の相関はありふれたものであり、これもその一つなのだ。たとえば、ウォール街の周辺でよく言われる、スーパーボール・オーメン(予兆の意)と呼ばれる奇妙なジンクスのようなものだ。これは、一月のスーパーボールで、かつてのナショナル・フットボール・リーグにその起源を持つチームが勝った年には、常に株価が上昇するというものだ。スーパーボール・オーメンは、話題としてはおもしろいが、誰も、フットボールのゲームと株式市場の間に因果関係が存在していると は、真剣に考えてはいないだろう。相関関係は偶然作られる、ただそれだけのことだ。共和党の初年度のジンクスも、似たようなものだろう。

第二の疑問、ジンクスに対してどう行動するかだが、何もしないのが正解だ。

ジンクスから秩序を作り出そうとする投資家がいる。彼らの理論は、共和党の大統領であることが、彼の任期の一年目に市場が下落する原因であるというものだが、いったいどう影響したというのだろう。好みの仮説を選ぶのは、あなたの自由だ。一つの考えは、共和党は、自らを企業の繁栄の党であると宣伝しているので、人々の好景気への期待を、非現実的な水準にまで押し上げるというものだ。就任日に即座に金持ちにならなければ、彼らは不機嫌になり、失望の副産物が株式市場を沈ませるのだ。

これは一つの考え方である。そのほかの考え方もある。いずれも真剣にとらえるべきものではないので、そのために時間を無駄にする必要はない。すべては、人々が観察した現象を説明するために、実体のない偶然の関係をにわかづくりする方法の例にすぎない。すべての偶然の関係は、いったん生み出され、受け入れられると、実際の現象を実際以上に秩序あるものに見せることができるという例である。

これまで見てきたように、これは危険になりうる。もし、大統領が共和党であることが株式市場の下落の原因であると信じれば、一連の秩序ある出来事を認めて行動しなければならないと、プレッシャーを感じるかもしれない。あなたは、フィッシャー教授のように、そこに実際には存在していないパターンを見るようになるだろう。

共和党のジンクスは、例によって、将来作用するかもしれないし、しないかもしれない。偶然始まって、ある日、偶然終わりを迎える。どちらにしても予測することはできない。これはカオスの一部にすぎない。

実際にジンクスが作用していると思えないときには、原因を想像してはならない。そうすれば、多くの悲劇から自分自身を守ることになる。スーパーボールの試合で楽しむのはいい。でも、試合で何が起こっても、絶対にブローカーのところに行ってはいけない。バーテンダーのところに行くべきだ。

副公理Ⅷ

ギャンブラーの誤謬《ファラシー》に気をつけろ。

ギャンブラーは「今夜はついている」と言う。宝くじを買った人は、「今日はラッキーな日だ」と言う。彼らは、自分自身を陶酔させてしまい、日頃の慎重さを欠いたまま、お金をリスクにさらす。そして、悲惨な結果を見ることになる。

ギャンブラーの誤謬は、秩序ある幻想のなかでも奇妙な現象である。認識される秩序は、辺り一帯のカオスのなかにあるのではなく、自身の内側にある。あなたが自分はついている、あるいは今日は自分にとってはラッキーな一日だという感覚を持ったとしたら、それはランダムな出来事が一時的にあなたにとってプラスに影響を与えているのだ。秩序のない世界では、さまざまな出来事が、あらゆる方向でむやみやたらに旋回しているのだが、その瞬間、あなたは秩序ある穏やかな一隅にいる。あなたの周辺の出来事は、馬鹿騒ぎをやめ、そして素直に、あなたの旋律に合わせて前進する。ルーレットやスロットマシンは、あなたの場所でピタリと止まる。競走馬はあなたのために必死で走る。あなたの購入した宝くじはズバリと当たる。株式市場では、目隠しをしたあなたが新聞紙にナイフを突き刺して選択した銘柄が、来週までに倍になっている。決して損することはない！

絶対、損をしない。

多くの賢い人々がギャンブラーの誤謬の罠に陥ってしまうのは驚きである。お金が賭けられる場所ならどこでも観察されるが、なかでも、文字通りギャンブラーが集まるカジノではよく見られる。

ラスベガスやアトランティックシティでよく聞かれる、最も役に立たない助言の一つは、真剣な賭けをする前に、毎晩自分の運を試してみたほうがいい、というものだ。実際、ギャンブル手引書などにも、真面目に提案されている。このアイデアは、最初に小さな金額を賭けて――たとえばスロットマシンに数ドル入れて――運が良いかどうか試してみるというものだ。もしもマシンが「ありがとう」も言わずにあなたのお金を飲み込んでしまえば、その晩、幸運はあなたの反対側にあると考える。ホテルの自分の部屋に戻り、テレビでも見ていたほうがいい。しかし、もしもマシンが勝ち金とともにお金を戻せば、その晩のあなたは、ダイスかルーレットに大きく賭ける準備ができていると考えるのだ。

ほとんどの人が、この秩序の幻想を信じるのだ。大金を賭ける人《ハイローラー》も、少額しか賭けない人も、この幻想を信じる。毛皮をまとい、フェラーリに乗ってカジノにやってくる金持ちも、損を出せば家へ帰るバスの運賃にも困るような人々も、同様だ。われわれはすべて、人生のどこかの場面において、この幻想を信じてしまうことがあるのかもしれない。

そのほかの多くの幻想と同じように、ギャンブラーの誤謬は魅力的だ。本当のように見える。

われわれの歪んだ目には、たいへん合理的に映るものだ。

誰もが似たような経験を思い出すだろう。もしあなたが、定期的にブリッジやポーカー、モノポリーをするなら、カードやサイコロが恥ずかしいほど当たって、とてもすばらしいと感じる夜があり、一方では、家で本でも読んでいたほうがよかったと思う晩があるはずだ。ついている夜があれば、そうでない夜がある。

こうした現象は、ゲームのテーブルに限ったものではなく、人生のあらゆる場面に見られる。あなたの決定がすべて正しいときがある。誰もがあなたに微笑み、予想外の小切手が郵送されてきて、オフィスのあなたのライバルが退職して幸せを探しにオーストラリアへ旅立つ。けれども、あなたが触れるものすべてが台無しになる日もある。

背景に、ある種の秩序を見い出すのはとても自然なことだ。

幻想は、ギャンブラーが大好きな話によって強化される。ついている状態《ホットな》と、打ち負かすことができない運についての驚くべき話である。あなたは、このような話をどこのカジノでも、どの宝くじ売り場でも聞くだろう。その場所だけで知られている逸話もあるが、世界的によく知られた古典的な話もたくさんある。

たとえば、チャールズ・ウェルズの驚くべき話がある。ガイ・ナインティの有名な歌「モンテカルロで胴元をつぶした男」のなかで永遠に生きることになったウェルズは、この伝説的離れ業を一度ではなく、一八九一年に三度成し遂げた。

「胴元をつぶす」といっても、カジノを破産させたのではない。テーブルに割り当てられたカジノ側のゲーム資金をすべて吐き出させたという意味だ。そんなことはめったに起こらないので、誰かが一度でも達成すると、新聞のトップ記事になる（カジノは「一文なしにされた」テーブルを儀式ばって黒い生地で優美に覆い、喜んでマスコミに協力した。ニュースは、翌晩には新たな多くのカモを誘い込むために役立った）。

ウェルズのゲームはルーレットだった。三連勝の最後の夜は、とりわけ華々しいものだった。その晩、彼はシングルナンバーに賭けることを選んだ。ルーレットで最も勝算が低い賭けである。一から三六までの数字から一つを選び、それに賭ける。もしも当たれば、儲けは一ドルにつき三六ドルである。古いタイプのモンテカルロでは、賭け率《オッズ》は一対三七だ。

ウェルズは五に賭け、当たるまでそこに置き続けた。五は連続で五回来た。テーブルは破産した。ウェルズは一〇万フランス・フランを手にカジノをあとにしたが、今日の価値で言えば一〇〇万ドルに相当する。

それから、キャロライン〝ラ・ベル〟オテロがいる。彼女が輝いていた日々、モンテカルロで活躍した高級娼婦のなかで彼女はおそらく最も美しかった。彼女は一八歳のときに、明らかに能力に欠けるギャンブラーであり、かつ悪党である男に、伝説的なギャンブルリゾートに連れて行かれた。その男は、テーブルで札束を失い、彼女を見捨てた。彼女の手には、最後の二〇フラン紙幣が二枚、現在の価値でおそらく一〇〇ドル程度しか残っていなかった。絶望的な衝動にかられた彼女は、ルーレットのテーブルに向かい、その紙幣二枚を赤に賭けた。ルーレットで赤か黒かの色に賭けることは、五分五分の勝算があり、コイン投げ《トス》のようなものだ。勝てば、お金は倍になる。キャロライン・オテロは、結果を見るのが恐かったので、勝ち負けが決まる前に、お金を置きざりにしてテーブルを去った。

赤が二八回連続で来た。胴元はすってんてんになった。そして、見捨てられた少女は、突然金持ちになり、一瞬にしてモンテカルロの女王に変身した。

こういう話はおもしろい。だからこそ似たような話が、一九世紀から現在に至るまで語り継がれ、ギャンブラーの誤謬を支えているのだ。「人には、ついているときがある」と信者は言う。「こうした逸話がそれを証明している。すべきことは、つきが回ってくるまで待って、それから狂ったように賭けることだ！」

逸話は、決して何も証明しない。証明するのは、勝利が連続して起こることがあるということだけだ。

コインを何度も投げれば、早晩、表が連続して出ることがある。しかし、このような現象について規則的なことは何もない。いつ始まるかを、あらかじめ知ることはできない。始まったとしても、どのくらい続くかを知ることはできない。

ルーレット、競馬、美術品など、あなたがお金を賭けるどんなゲームでも同じだ。十分に長い時間続けていれば、連戦連勝――おそらくは記憶に残るほどのもので、残りの人生において、疑いなく友人をうんざりさせることになる——を享受することがあるだろう。しかし、連戦連続を狙って儲けることができるような、規則的な方法はない。いつ来るか、どれだけ長く続くかを予測することはできない。それらもカオスのもう一つの顔にすぎないのだ。

もし、あなたがルーレットで赤に賭けていて、三回連続して赤が来たら、それはすばらしいことだ。しかし、それがあなたに将来について何を語っているのだろうか。二八回連続勝利の始まりだろうか。ついているのだろうか。賭ける金額を増やすべきだろうか。

多くの人はそう考えるだろう。だから、多くの人がカジノを一文無しで去っていくのだ。

第二の公理で学んだように、数え切れないほどの投機家とギャンブラーが、勝ったままやめることができずに破産する。ギャンブラーの誤謬が、この失敗を助長している。それが、無敵であるという感覚を一時的に引き起こすからだ。

これは危険な感覚だ。誰も、たとえ一瞬でさえも、無敵ではない。

キャロライン・オテロとチャールズ・ウェルズは幸運だった。彼らは、カジノのお金が底をついてしまったためにゲームをやめざるをえなかった。カジノが賭け金の上限を制限していたために、彼らのお金は大当たりのたびにゲームから引き上げられた。彼らはこのルールによって救われた。そうでなければ、彼らはゲームを続け、遅かれ早かれ二人とも負けて、今日われわれが彼らの名前を知るには至らなかっただろう。

彼らは無敵ではなかったが、二人とも、自分たちが無敵であるという感覚を持っていたようだ。おそらく、彼らの判断力は、驚異的な連勝によって混乱してしまったのだろう。実際、このような経験のあとに、完璧に合理的な思考を維持するのは難しいのだろう。いずれにせよ、キャロライン・オテロとチャールズ・ウェルズは、ギャンブラーの誤謬に苦しめられながら、残りの人生を過ごした。

二人とも、何度も連勝が来ることに賭けた、あたかも自分たちが永遠についていると確信しているかのように、うきうきしながら。

連勝など続くわけがなかった。キャロライン・オテロは、みすぼらしいパリのアパートの一室で死んだ。チャールズ・ウェルスは刑務所で死んだ。もちろん、二人とも一文無しだった。

●投機戦略

第五の公理が、自分のお金をどう扱うべきだと助言しているのかを確認してみよう。

公理は、秩序が存在しないところに秩序を見つけるなと警告している。決して、有利な賭けや見込みのある投資を見つける望みを捨てるべきだと言っているのではない。むしろ、ポーカーや美術品など、自分が興味のある投機対象は徹底的に研究すべきであり、よく見えるものがあれば、最善をつくして賭けるべきだ。

しかし、秩序の幻想によって催眠術をかけられてはならない。研究によって勝算が高まったかもしれないが、それでも投資においては、幸運という圧倒的に大きな存在を無視することはできない。あなたの研究が、確かな秩序、あるいはほとんど確かに見える秩序を創造したと考えてはいけない。あなたは、依然としてカオスに取り組んでいるのだ。その事実に抜け目なく警戒し続ける限り、あなたは自分自身が傷つくのを回避することができる。

あなたの内なる独白は、次のようであるべきだ。「さて、私はよく研究したし、やり方もわかっている。この賭けは私に勝利をもたらすだろう。でも、私は、勝敗を左右するランダムな出来事を予測することも、コントロールすることもできない。間違う可能性が大きいことも知っている。万が一、間違いが起こったときにすぐに対応できるように、フットワークを軽くしておこう」

これが第五の公理の教訓である。これであなたは、より賢い投機家に進化できる。

The Sixth Major Axiom
On Mobility

第六の公理

機動力について

根を下ろしてはいけない。それは動きを鈍らせる。

現代のメンタルヘルス理論では、根のないこと《ルートレス》は、心配と同じ範疇に入る。両方とも、あなたにとって悪いことであるように感じられる。

根を下ろすことは、いろいろな意味で良いことだ。昔からの友人や隣人に囲まれていれば、馴染みの場所に属しているという心地よい満足がもたらされる。反対に、ルートレス、つまり、漂流し、疎外された状態は、冷たく不快である。疑いなく、それが、ほとんどの精神科医が根を下ろすべきだと確信している理由である。

しかし、この点に関しては用心して構えるべきだ。もし、資産運用において根を下ろしてしまうと、非常に高いものにつく可能性がある。慣れ親しんだ、心地よい状態を求めるほど、投機家としての成功は小さいものになってしまう。

公理は、故郷に根を下ろすような地理的な状況についてだけ言っているのではない。中産階級にとっては、とくに自宅などの不動産に投資している人にとっては、土地との結びつきは重要である。しかし、ここで公理が問題にしているのは、むしろ、心の状態や考え方、人生の習慣において、根を下ろすかどうかということである。

メッセージは、二つの副公理によって構成されている。

副公理 Ⅸ

忠誠心やノスタルジーといった感情のせいで下落相場に捕まってはいけない。

最初に不動産について考えてみよう。ニュージャージーの不動産業者ジャニス・シャタックは、根を下ろしてしまったせいで好機を逃したという、ある悲しい話をしてくれた。

中年の夫婦が、同じ家に二〇年間住んでいた。二〇年の住宅ローンは完済され、いまでは家はまったく担保になっていない。多くの中産階級の人々にとってそうであるように、この家が彼らの最大の資産だった。子供はすでに成長し、独立しており、支出は減少したため、彼らはこの資産を投機に利用できる立場にあった。運がよければ、彼らは富裕層の仲間入りができた。

友人であるジャニス・シャタックは、この夫婦に、家を売却するのは賢明だと思うと話した。彼らが住んでいた街は、経済的に衰退しつつあった。さまざまな理由により、荒廃している住宅もあった。近所の二軒の家主はそこには住んでおらず、近くの大学に通う若者に貸していたが、これは管理の面ではあまり好ましいことではなかった。通りは荒《すさ》んで、みすぼらしい感じさえしていた。

シャタックは、夫婦に、買い手は見つかるだろうと伝えた。不在地主の一人が、不動産事業を拡大しようと考えていて、以前から彼らの家に目をつけていた。だだっ広い造りが大学の寮として使うのに適していたからだ。その地主なら、かなりの金額を提示できると、シャタックは確信していた。いまのうちにその提示を受けるべきだと、彼女は夫婦に勧めた。

しかし、彼らは売却する決心がつかなかった。そこに愛着があったからだ。子供たちを育て上げたその大きな古い家には、思い出が詰まっていた。彼らは、それが大学の寮として使われることに耐えられなかった。そのうえ、古い隣人たちも、家を売らないようにと夫婦を説得した。もう一軒が寮に変わり、夫婦がいなくなることは、街に残る人々にすべての問題が残されることを意味しており、それはドライで身勝手なことにも思えた。

結局、シャタックの二人の友人はその街に残った。街は衰退し続けた。家を売らないようにと一所懸命説いていた当の隣人の家を含め、近所の家々は、あまり思慮深くない人々に次々に売却されていった。

夫婦は、ついに家を売りに出した。けれども、いまだに買い手は決まっていない。もしも買い手が現れたとしても、提示される金額は、シャタックが売却するよう勧めたときに比べれば、大幅に安いものになるだろう。待てば待つほど、価格は低下していくようだ。

愛着心かお金か、どちらかを選ばなければならないときがある。本書を読んでいるのだから、お金に興味があるのは当然だろうが、お金を投資した対象に強く執着することは間違っている。人々に愛着を持つのは結構だが、家や地域に執着してはいけない。

会社についても同様だ。ある会社の株を、いつ売却するのが賢いのかは決してわからない。愛着心に売買の意思決定を邪魔されてはいけない。

フランク・ヘンリーは、小さな製造会社でチーフ・エンジニアとして働く男を知っていた。何年にもわたり、彼は会社の普通株と優先株をかなりの額まで積み立てた。業績が好調で、株価が高くなったときもあったが、長くは続かなかった。市場の変化、なかでも容赦ない日本企業の台頭により、会社は業績不振に陥った。株価はかなり下落した。そして、このエンジニアは、誰もが想像する以上に、事態は深刻だと思っていた。彼は、自社製品の品質が、日本の競合会社のものより劣っていることを知っていた。日本製品は価格が安く、品質も優れていたのだ。エンジニアは、自分の会社が、この二つの不利な点を乗り越えられる道はないと思った。

遅かれ早かれ、会社が倒産することになると確信した。

彼は売却すべきだったが、愛着心が邪魔をした。

この小さな会社に対して、複雑な忠誠心を心に抱いていた。会長やCEO（最高経営責任者）、主要株主による「決して諦めるな！」というスピーチが、彼の忠誠心を刺激した。とくに会長は信じがたいほど楽天家で、個人として自社株を購入し続けているという事実を声高に発表した。会長は、そうすることが重要だと信じていた。証券取引委員会と証券取引所の規則では、会長は自らの持分を公表することが義務づけられていたので、株を売却すればわかるはずだった。仮に会長が株を売っているということになれば、痛ましい宣伝になっていただろうが、彼は、その反対を行なうことによって、よい宣伝効果を生み出せると考えた。株式を買い増すことによって、会社の存続性と将来の見通しに対する自信を示すことができると考え、実行した。

そのエンジニアは、会長のジェスチャーが本当に効果をもたらすのかどうか、疑問に感じた。普通株と優先株の価格は、下落を競っていった。株主と従業員のモラルは、さらに低下していった。売りどきだ。しかし、そのエンジニアは決断できなかった。会長のジェスチャーを、真に受けていたのだ。

もしも、一人の投資家がある銘柄を買い持ちしていて、もう一人の投資家が売り持ちだったら、実質的には、一方がもう一方から買っていることになる。もちろん、実際の売買は、証券取引所のディーラーや証券会社や専門家を通して行なわれるが、買い手と売り手をマッチさせる効果は、それが対面で行なわれているのと同じである。そのため、エンジニアが株式を売却すると、その株式は会長が購入することになる。そうして会長は、すぐに価値がなくなるであろう株式を、大量に保有することになる。それは、エンジニアにとって、居心地のよくないことに思えた。

エンジニアはじっと待った。やがて、彼と会長のポートフォリオは、価値がなくなった。

それから何年もたって、フランク・ヘンリーは、いまでは大きなチェーンストアのオーナーになったかつての会長に、まったく関係のない会合で出くわした。元会長は繁栄して、満足しているように見えた。彼は最近の株式市場での成功について喜んで話した。下落相場で株式を空売りして儲けたというのだ。空売りのテクニックに関しては、ずいぶん詳しいようだった。空売りをして、もしも株価が下落すれば、より少ない金額で株式を買い戻すことによって、利益を手にすることができる。

元会長がこの話をしたとき、少し嫌な感覚がフランク・ヘンリーの脳裏に浮かんだ。

フランク・ヘンリーは、この元会長が例の会社について本当に楽観視していたのか疑問に思った。もしかしたら、多くの大策略家がするように、この男も、公に宣言していた口座と別に秘密口座を持っていたのではないだろうか。一つの口座で声高かつ堂々と自社株を買い集めながら、もう一方の口座では、同じ株を空売りしていたのかもしれない。

もっとも、これは単なる思いつきではあるが――。

副公理X

より魅力的なものが見えたら、ただちに投資を中断しなければならない。

お金を儲けるという一番大切なゴールに被害が及ぶほど、投機対象に根を下ろしてしまう方法はいくつもある。最もよくあるのは――それは人々に忍び寄って不意を襲うのだが――投機をやっているのか趣味を楽しんでいるのかわからない状況に陥ることである。

あなたが珍しいコインや切手のコレクションを持っているとしよう。リビングルームは美術館と化している。すでに、お金を二倍にするという当初の目標を達成したが、いま、コレクションを売ることができない。愛着を持ちすぎてしまったからだ。あるいは、金儲けを目的に芸術に投機することは間違っているという、芸術家気取りの考えが芽生えてしまったのだ。そのためコレクションの資産価値は、家の中に閉じ込められている。一方では、より魅力的な投機先が見え始める。資産を有効利用できる投機だ。銀の相場についてあなたの直観が働く。あるいは、かなり期待できそうな地元の不動産投機のチャンスが巡ってくる。どうすべきだろうか。

あなたは、自分が投機家かどうかを決断しなければならない。

物に愛着を感じてはいけない。愛着は人だけに感じるべきものだ。物に愛着を持つと、必要が生じたときに素早く行動する機動力が低下する。根を下ろしてしまうと、あなたの投機家としての効率が著しく低下する。

根を下ろしてしまうもう一つのケースは、報われることを待つという状況に陥るときだ。これは、投機と趣味のジレンマ以上に、多くの人に起こる可能性がある。何年も続く持久戦にはまってしまう可能性があり、ほかの多くの投機機会が、手の届くところまで近づいていても、それをつかむことができなくなる。

あなたは、ホー・ボーイ・コンピュータ社の株を一万ドル購入したとしよう。それが一万五〇〇〇ドルに上がったところで手仕舞うことを目標としている。しかし、ホー・ボーイ株は負け犬のように、上昇も下落もしない。何年もの間、そのみすぼらしく年老いた猟犬は、長い舌をだらりと垂らして、ただそこに座っている。

一方、あなたの目は、ヘイ・ワオ・エレクトロニクス社に惹きつけられる。重大ニュースが発表され、ヘイ・ワオ社の株価が来年大幅に上昇するか、少なくともホー・ボーイ株よりも上昇すると考える。資金があればヘイ・ワオ株をかなり購入したいのだが、手元に資金はない。それはすべてホー・ボーイ株に投資されているからである。

どうするか。一般的な反応は、ホー・ボーイ社を持ち続けることだ。「いま売ることはできない。利益が出るまで待たなければならない!」

しかし、よく考えてみてほしい。もし、ヘイ・ワオ株を購入することで、より早く利益を獲得できると確信する理由があるのなら、なぜ乗り換えないのだろう。どこに投資しようとも、同じお金である。もし、ホー・ボーイ株でなくヘイ・ワオ株で、同じ一万ドルが一万五〇〇〇ドルに増えたとしても、あなたは楽しく祝杯をあげることができるはずだ。

何か貸しがあるという気持ちで、投資先に執着してはいけない。同様に、まだ十分な時間を与えていないという気持ちから、投資先に根を下ろしてはいけない。埒があかない状態にあり、より有望な投資先が見つかったのであれば、迷わず乗り換えるべきである。

居座る代わりに乗り換えることによって失う唯一のものは、ディーラーあるいは証券会社に支払う手数料だけだ。もし、保有している間に資産価値が変化していれば、キャピタルゲイン税を支払う義務が生じるか、あるいは反対に、キャピタルロスを申告する権利が生じるかもしれない。しかし、いまは株価が動いていない銘柄を売却することについて話をしており、いずれもたいした問題ではない。

もちろん、すでに学んだ公理が指摘するように、後悔を感じることになる可能性はある。もし、あなたがホー・ボーイ株からヘイ・ワオ株に乗り換えたときに、あの、老いぼれた猟犬であったホー・ボーイ株が急騰すれば、後悔という不快感を覚えるだろう。これは十分に起こりうる。

しかし、後悔の可能性は、乗り換えなかったとしても存在するだろう。忍耐強くホー・ボーイ株にしがみついているうちに、ヘイ・ワオ株は、あなたがうすうす感じていたように、突然息を吹き返すかもしれない。そうなれば、ヘイ・ワオ株に乗り換えずにホー・ボーイ株を持ち続けたことに対して、悔しい思いをするだろう。

後悔の可能性は、何をする場合でも同じであって、そんなことをあれこれ考えるのはやめるべきだ。持ち続けるか乗り換えるかという決断は、早く利益を獲得するためには、どちらの投機が有利かということによってのみ下されるべきだ。

このことは、一つの投資先に資金を投じているときに、ほかの投資先に魅力を見い出した場合には、いつでも自問すべきである。投機と趣味のジレンマ、利益を待つ不安、あるいは、慣れ親しんだものを中断して新しく未知のものに乗り換えることの恐怖や心配といった感情に流されて、根を下ろしてはいけない。最適なチャンスが横たわっているように見えたら、すぐに決断して、それに向かうべきだ。

●投機戦略

第六の公理は、機動力を失わないよう忠告している。投機家としてのキャリアを台無しにしてしまわないように、忠誠心や、利益が出るのを待ちたいというこだわりなど、あなたが根を下ろしてしまうかもしれない感情について警告している。常に身軽に動ける状態を維持し、いつでも問題から抜け出し、迅速にチャンスをつかむための準備ができていなければならないと教えている。

卓球の球のように、一つの投機からもう一つの投機へと跳ね回らなければならないと言っているのではない。投機の行動はすべて、勝算を慎重に評価してから実行されるべきで、つまらない理由で行動を起こしてはいけない。しかし、投資対象が明らかに価値を失いつつあり、明らかにより見込みのある投資先が現れた場合には、根を切断して、進まなければならない。

根っこは、切り落とせないほど太く成長させてはいけない。

The Seventh Major Axiom
On Intuition

第七の公理

直観について

直観は説明できるのであれば信頼できる。


直観は一瞬の感覚である。それは知識ではなく、神秘的な小さな塊で、知識のように何かを感じる心の出来事であるが、完璧に信頼できるとは思えないものである。投機家として、あなたは頻繁に直観を感じるだろう。なかには執拗なものもある。どう対処すればよいだろうか。

できれば直観を利用することを学ぶべきだ。

助言を与えるのは簡単だが、お察しの通り、実行するのは容易ではない。直観というテーマは複雑で、十分に解明されておらず、そして多くの人にとって厄介なものである。この現象へのアプローチには三つの異なる方法がある。

軽視――多くの投資家や投機家は、自分の直観を一所懸命に無視し、ほかの人の直観を嗤《わら》う。彼らは、事実と事実に見えるもので行動を裏づけようとする。それは多くの場合、愚かなもの――チャートや経済予測――だが、彼らにとっては直観よりも信頼できるもののようだ。彼らはしばしば、直観が間違っていると言っているときでさえ、その行動を選択する。「チャートは正しいと言っている。私はチャートを判断の基準にしているのだ」

盲信――ある人々は、あまり疑念を抱くことなく、むやみに直観に頼る。合理的な分析がまったく異なる事実を示しているときでさえ、気まぐれな直観のほうを優先する。「私は直観に従う」と、彼らは自慢げに言う。そのすばらしい直観のおかげで、何度も災難をこうむった事実を棚上げにして。

識別――これが、チューリッヒのアプローチである。背景にある考え方は、直観は役に立つ可能性があるというものだ。潜在的に価値のある投機の道具を頭から軽視すること、つまり、馬鹿げている部分があるからといって直観をすべて投げ捨ててしまうのは恥ずべきことだ。もちろん、直観のなかには、ゴミ箱に捨てられるべきものがあることも事実である。重要なのは、どれが注目に値して、どれがそうでないかを識別することである。

＊＊＊

最初のステップは、直観とは何かを知ることである。この奇妙な知識の断片のようなものは、どこから来るのだろうか。

それは思うほど神秘的なものではない。超感覚的な知覚、あるいは超自然的な力として直観を説明しようとする人がいるが、そのような必要はない。直観は、至極ありふれた、精神的な現象である。「あの会社は、公表している以上に深刻な問題を抱えている気がする」といった直観にときとして教われるのは、その直観が心のどこかに保管されている確固たる情報に基づいているからなのかもしれない。不思議な感じがするのは、自分がその情報を持っていることに気づいていないからだ。

本当だろうか。もちろん。それは毎日、心のなかで起こっていることだ。シカゴ大学の心理学者ユージン・ジェンドリン博士は、この問題について何年も研究し、どうやって知ったかを知らずに何かを知っていることは人類の共通の経験だと述べている。

ジェンドリン博士は、人は毎日、膨大な量の情報――意識して記憶したり、思い出すことができる断片的な情報よりずっと多く――を取り込んでいると指摘する。そのほとんどは意識の背後にある貯蔵庫に保管されるという。

たとえば、あなたの人生で非常に大きな役割を果たした人物について思い出してほしい。茶色の髪、青い目、中華料理が好きなどといった断片的なデータだけが心に浮かぶわけではないはずだ。あなたが何年にもわたって保存してきたデータは何百万とあり、一生かかってもリストアップできないほど多い。だから、その人物は、破片として思い出されるのではなく、全体として思い出される。その人についてあなたが知っていること、考えたこと、感じたこと、経験したことなど、すべての情報が、自分のまったく知らない巨大な図書館から、神秘的なほど一瞬のうちに意識に上ってくる。

その人物に通りで会うことを想像してみてほしい。あなたはすぐに誰だかわかるはずだ。意識して思い出そうとすることなく、瞬時に適切な反応ができるだろう。けれども、その人物をどのように認識しているのかと聞かれたら、その手がかりについて正確に答えられるだろうか。鼻の形? 歩き方? あなたは答えに窮するだろう。あなたは、自分がその人物を知っていることを知っているが、どのように知っているかは知らないのだ。

同様に、もし、その人が電話をしてきたら、すぐにあなたはその声を認識するだろう。でも、どのように? 何を手がかりに? おそらく、答えられないに違いない。その人の声を私にもわかるように説明することなど不可能だと気づくだろう。情報は、あなたの頭のどこかにあるが、それが具体的に何で、どこにあるのかは、あなた自身にはわからないのである。

これが直観を作り上げているものだ。良い直観は、あなたが知っている何かであるが、あなたはそれをどう知ったのかを知らない。

たとえば、ニューイングランド地方で不動産投機をする女性が、真夜中に訪れた直観について話してくれたことがある。彼女は、メイン州の海沿いにあるとても古い家を改装して売ろうとしていた。売りたい値段を受け入れてくれそうな買い手はなかなか現れなかった。ある買い手は、設定した売値をわずかに下回る金額を提示したが、彼女は強気の構えを崩さず、もうしばらく持ち続けようと思った。

その後、ある雨の降る静かな夜明けに彼女は突然目を覚まし、その買値を受け入れるべきだという強い気持ちにとらわれた。メイン州の海沿いに建つ古い家の市場価格は間もなく軟化し始め、おそらく崩壊するという予感だった。どうしてそんなことを知っているのか、彼女にはわからなかったが、それでも彼女は知っていたのである。

けれども、彼女は直観を信じるのが怖かった。当然のことだが、その直観の根拠となる情報の図書館を見ることができなかったからだ。

彼女は、不動産価格への影響を知るため、メイン州沿岸地域の経済については熱心に勉強していた。地元の新聞を数紙購読し、不動産の所有者協会に所属し、不動産業者やそのほかの専門家とよく話をした。彼女はまた、ビジネスウィーク誌をはじめ、さまざまな雑誌を講読しており、国内や世界の出来事についてもよく知っていた。したがって、メイン州沿岸の住宅価格については、彼女は普段から膨大な情報を保有していたのである。

こうした情報の多くは、彼女の心のそれほど意識されていないレベルに蓄積されていた。実は、完全に意識されている部分は氷山の一角にすぎない。

われわれの結論は、巨大な無意識のデータバンクに情報が集積され、それぞれに関係が築かれると、厄介な直観が生まれるというものだ。自分の意識とは関係なしに、ジグソーパズルのようにさまざまな事実が漂流し合致する。新聞や雑誌で読んだもの、会合で人から聞いたこと、数ヵ月前に不動産業者が発した言葉など、忘れられていた情報にはそれぞれ何らかの評価が付されているのかもしれない。そうした一連の情報が一つに合わさり、メイン州沿岸の不動産市場が崩滅に向かいつつあるという直観が生まれたのだろう。

彼女は、直観を信じることにした。これまでの最高提示価格を受け入れたのだ。一ヵ月ほど過ぎたとき、それがすばらしく正しい行動であったことがわかった。もはや、彼女が受け入れた買値以上の価格は望むべくもないという事実が明らかになった。

＊＊＊

われわれは、「直観は説明できるのであれば信頼できる」という第七の公理が、何を意味しているのかを理解できるところまで来た。

直観を感じたら、最初にすべきことは、その直観を生み出すほど巨大なデータの図書館が、あなたの心の中に存在しているかどうか、自問することである。

メイン州沿岸地域の不動産についてであれば、この特定の話題について、自分に知識があるかどうかを自問してみるのだ。十分に勉強したか？　常にフォローしてきたか？　銀の価格に関する直観であれば、この貴金属の相場のみならず、そのほかの経済動向との相関関係についてまで、多くの知識を吸収してきたかと自問するのだ。あるいは、その直観が人に関することで、たとえば「この人は私を騙すつもりだ」というものであれば、その人の性格を洞察できるほど長い間、その人のことを知っているか、と。

直観を、この厳しいテストにかける理由は、確固たる事実に基づいていない直観が閃《ひらめ》くことがよくあるからだ。それらはまったく意味を持たない。どこから来るのか、私に聞かれてもわからないが、おそらくそれらは夢のようなものだ。ただ頭に浮かび、何の意味もなく、どこに導くわけでもない。脳が勝手に遊んでいるにすぎない。

ある朝、あなたが新聞を読んでいたとしよう。すると、ホー・ボーイ・コンピュータ社に新しい社長が就任するという小さな記事を見つける。突然、とんでもない直観が閃く。新社長は、ホー・ボーイ社を躍進させ、市場を席巻し、ＩＢＭを動揺させるだろう。株価はロケットのように高騰する！

しかし、証券会社に電話する前に、このすばらしい直観をテストしてみる必要がある。あなたの内なる独白は、このようなものかもしれない。

「いいか、落ち着いて考えてみよう。君はホー・ボーイ社について何を知っているのだ？」

「そうだな、前に、この会社について読んだことがある。それは何か良いニュースだったような気がする」

「だけど、そのニュースについてよく調べてみたのか？　ちゃんとフォローしたのか？」

「いや、したとは言えない」

「じゃあ、この新しい社長についてはどうだ？　彼についてよく知っているのか？」

「必ずしもそうとは言えない」

「彼について何も聞いたことがないんだろう？　それなら、なぜ彼を信頼できると思うんだ？」

「新聞記者は、彼が立派な男だと考えているようだ」

「記者だって彼についてこれまで聞いたことがなかったかもしれない。おそらく、その記事の半分は会社の記者発表をもとに書かれているはずだ。それでも、その直観は、信頼できる情報に基づいていると思うかい？」

「さあ、どうだろう」

「おい、しっかりしろ。ビールでも飲みに行って、このことは忘れたほうがいい」

もちろん、自問のテストを行なったからといって、不正確な直観に惑わされないという保証はない。確固たる情報に基づく直観でさえ、間違う可能性がある。反対に、どこから来たのかわからないような直観が、いい加減な当てずっぽうと同じように、正しかったりすることがある。自問のテストの役割は少しでも勝算を高めることである。それは、あなたを、すべての直観を軽蔑する人の上に、そして、すべての直観は天賦と考える人の上に位置づける。良い直観には敏感に反応し、悪い直観は無視できるようになるだろう。

ただし、そのほかの公理も頭の片隅に置いておかなければいけない。直観がどんなに役立つものであると感じても、それによって自信過剰になってはならない。常に心配するのだ。直観は、有効な投機ツールになりえるが、一〇〇パーセント信用できる公式ではない。

副公理 XI
直観と希望を混同するな。

あなたが何かを強く望むとき、それが実際に起こるのだと信じ込んでしまうことがよくある。こうした人間の心理は、クリスマスにプレゼントを夢見る子供たちを困惑させ、お金儲けを夢見る投機家を動揺させる。

あなたが小さな町の美術展を訪れ、トラッシュウォーシー（価値のない紙屑）という名の無名の芸術家の絵を数枚買う。家に持ち帰ってみると、思ったほど好きではないと感じる。むしろ奇妙な絵だ。内なる意地悪な小さな声が、お金を無駄にしたかもしれないと囁《ささや》く。しかし、こうした悲観的な気持ちは、強力な直観の稲妻によってすぐに押し流される。直観は言う。「トラッシュウォーシーはいつか正しい評価を受けるだろう。世界中の蒐集家や著名な美術館が、こぞって彼の絵を手に入れようとするはずだ！」

この直観は、聞く価値があるだろうか？　それとも、単なる期待にすぎないのだろうか？　私の個人的なルールでは、自分が起こってほしいことが起こるという直観に対しては、常に懐疑的であれというものだ。そのような直観がすべて間違っているということではない。特別な注意を払ってその直観を検証し、いつもの倍は警戒すべきだという意味である。

反対に、私は、自分が望まない結果を示唆する直観は信頼する傾向が強い。もし、私がトラッシュウォーシーの絵を購入したあと、彼は決して認められることがないという直観がしたら（そして、そのような直観を裏づけるだけの、絵画についての十分な知識があれば）、私は、すぐに絵を手放すだろう。

投機戦略

第七の公理は、すべての直観を嘲笑することも、無差別に信頼することも間違いであると教えている。直観は、確実に信頼できるものではないが、慎重かつ懐疑的に対処すれば、有効な投機ツールになりうる。直観について、不思議なことや空想的なことは何もない。それは、どのように知ったかを知ることなく何かを知っているという、ありふれた心の経験の明示である。

もし、お金に関して特定の行動をとるように示唆する、強い直観が閃いたときには、公理はそれをテストするように教えている。その直観を説明できるのであれば信頼せよ。つまり、その直観を裏づける情報の保存場所を自分の心の中に識別できるのであれば、ということである。もし、そのようなデータの図書館を持っていないのであれば、直観は無視すべきである。

副公理XIは、直観は期待と混同されやすいと警告している。あなたが強く望む結果を約束するような直観には、とくに慎重であるべきだ。

The Eighth Major Axiom
On Religion and the Occult

第八の公理
宗教とオカルトについて

宇宙に関する神の計画には、
あなたを金持ちにすることは含まれていないようだ。

私が若い頃、プロテスタントの牧師が時折わが家に夕食に来たものだった。牧師は父フランク・ヘンリーと同郷だった。チューリッヒ湖の南岸にあるワデンスウィルという小さな町の出身であり、少年の頃から互いのことを知っていた。牧師は、若い頃に米国に移住し、ニュージャージーの小さな教会の牧師をしていた。

ある晩、牧師は興奮していた。神が、彼の教会にすばらしい機会をお与えになったというのだ。信徒の一人である老紳士が、気候の良い地方に引っ越そうとしていた。この引越しは、ある事情から迅速に行なわれなければならなかった。老紳士は、後腐れなく、その場所からきっぱりと立ち去ることを望んでいたが、未解決の問題が一つあった。町外れに十二エーカーほどの更地を保有していたのだ。何年も前に投資として購入したまま放置してあった。彼は引っ越す前に、その更地を売却したかった。そこで彼は、教会への餞別として、何年も前に購入したときと同じ値段で譲ってもいいと、牧師に提案したのだ。

牧師はこの提案に感激した。彼の教区はこれまでほとんどお金がなかった。そこに、一晩で大金をつかむチャンスが巡ってきたのだ。町中の不動産価格は高騰していたし、老紳士の所有地がある地域は、とくに宅地として望ましいとされていた場所だった。売却してすぐに利益を獲得するか、少し待って、道路を一つか二つつくり、四エーカーずつに分割して売却すれば、より大きな利益を得られるかもしれない。牧師は歓喜した。このお金を獲得できれば、教区にとって必要な、あらゆる仕事を実行できるはずだった。

フランク・ヘンリーは、このニュースを聞いたとき、それは喜ばしいことだと牧師に言った。ただし、それは現実にしては少しすばらしすぎる話のようだとも付け加えた。彼の経験では、通常、即時の大金と確実な儲け話は罠であることが多かった。アマチュアの投機家は常にこの罠に陥り、ポケットを空にして、ほうほうの体で逃げ出す羽目になるものだ。

牧師は嗤《わら》った。これは神からの贈り物なのだ。時々、神はわれわれに罰を与えるが、褒美を与えてくれることもある。われわれは多くを質問する立場にはない。与えられるものをただ受け入れればよい。牧師は心配していなかった。

＊＊＊

かなりあとになってから、フランク・ヘンリーと私は話の結末を聞いた。牧師の強い要請で信徒たちは不動産の購入を決定した。その後、それをどう利用するかを検討するための委員会も設立した。委員会は、土地を分割して個別の地所として売却するのが最適な選択であると決定した。委員会の委員長と牧師は市役所に出かけ、必要な許可を申請し、そこで地元の建築物検査官に会い、悪いニュースを聞かされた。

その土地には問題があると、検査官は言った。表面は十分乾燥しているように見えるが、数フィート下はまったくの湿地だった。汚水処理用のタンクを設置しても、決して正しく稼動しない。複数の所有者が何年にもわたってその土地を開発することを希望したが、びっくりするほど高価な排水システムを設置しない限りは、町は開発を許可しなかった。だから、そこは決して開発されることがなかったのだ。

教会は騙されたのだった。

フランク・ヘンリーが言うこの話の教訓は、祈っても金持ちにはなれないということだ。もし、お金のことを思いながら祈るのであれば、あなたは貧しくなる可能性のほうが高い。神や超自然の力、あるいは、ほかの誰かがあなたに富を与えてくれるのを当てにしようとすれば、あなたの警戒心はゆるみ、破滅に向かうことになるだろう。

もし、神がいるとしても――この点について公理は何も言っていないが――この至高の存在は、あなたが金持ちとして死ぬか、貧しく死ぬかについて関心を持っているという証拠はない。実際に聖書は、健全なクリスチャンとしての、あるいはユダヤ人としての魂を維持するという見地から、あなたは貧しいほうがよいと言っている（かつてアブラハム・リンカーンは、神は多くの貧しい人々を創ったので、神は貧しい人々に特別な愛情を覚えていたに違いないと発言した）。多くの東洋の宗教も同じような教えを説いている。公理に関する限り、あなたが信心深いか、無心論者か、あるいはその中間かによって何ら違いはない。何を信じるか否かにかかわらず、神の考え、あるいはそのほかの至上の存在の助けは、あなたの投機的行動に何の役割も果たさない。

超自然の助けに依存することは、予測や秩序の幻想にとらわれるのと同じ結果をもたらす。それは、あなたを危険なまでに安心しきった状態に陥れる。牧師、聖職者、ラビ（ユダヤ教指導者）は、いつも人々に、お金のために祈るべきではないと教えているが、多くの人はお金のために祈る。それが、具体的な金儲けを求めるものでないにしても、多くの信仰深い人々が「神が私を守ってくれるだろう」と願うように、神様が自分の財布の中身まで守ってくれると考えるのは浅はかである。

神を頼りにしてはいけない。神は、あなたに多くを与えてくれるかもしれないが、あなたの銀行口座には関心を持っていない。それはあなたの問題である。あなただけの。

＊＊＊

いくつもの公理を理解していたジェシー・リバモアでさえ、神ではないが、超自然的な存在に救いを求めた。そのことが、この複雑な男を最後の没落へと導いたのかもしれない。

マサチューセッツの貧しい農家に生まれたリバモアは、人生の早いうちに、金持ちになることを決意した。彼は、一八九三年にボストンに行き、証券会社で仕事を見つけた。電子掲示板がまだ開発されていない時代であり、そのかわり、機敏な若い事務員が素早く梯子を昇ったり降りたりして、巨大な黒板にチョークで株価を書いた。これがリバモアの最初の仕事だった。彼はその仕事に熟練するにつれ、彼の友人に言わせれば、次に株価がどちらに動くかを推測する不可思議な能力を発達させた。

その能力は、疑いなく、鋭い直観と幸運の組み合わせだったが、誰かが透視力やオカルトパワーについて囁き始めた。リバモアは、彼の投機の成功の要因として、透視力やオカルトパワーの存在を完全に受け入れることはなかったが、完全に否定することもなかった。彼は、人生を通して、そうした力が真実かどうか、あれこれ考えを巡らせた。少なくともフランク・ヘンリーは、そんな神秘的な空想を持ち込まなければ、リバモアはもっと成功したはずだと信じている。

数ヵ月間、事務員として働いたあとで、リバモアは、自分の価格予想に基づいてお金を賭け始めた。彼が選んだ取引業者は、ボストンやそのほかの町でよく見かけた一種のもぐりの業者で、合百《ごうひゃく》と呼ばれていた。

合百は株式市場でのギャンブルを大げさに宣伝した。合百では、株式そのものを購入するわけではない。競馬のノミ屋と同じように、株の値動きにさまざまな方法で賭けるのだ。勝ち負けは、業者に有利に操作された。勝つためには、運だけでなく、鋭い直観が必要だったが、それ以外にも、われわれが勉強してきた技術や能力、つまり、早めの損切り、ゴールの設定なども不可欠だった。

ジェシー・リバモアは、自分が投機の技術を十分に身につけていることを知っていた。生まれながらの投機家だった。微々たる給与の中から小銭を貯めて、最小単位の賭け金で始め、いつのまにか、当時の若者にとっては大金である二五〇〇ドルを蓄えた。合百が次々に「どこかほかの店に行ってくれ」というほどに、彼は技術を磨いていった。

リバモアは、有名なウォール街での勝負に打って出た。たちまち彼は、ウォール街で最も賢い投機家の一人としての地位を確立した。三〇歳になる前に、すでに有名人になっていた。

ブロンドの髪をなびかせ、氷のような青い目をしたジェシー・リバモアは、どこにいても女性と新聞記者を魅了した。彼は、三回結婚して、米国とヨーロッパ中のアパートやホテルに愛人を住まわせた。いつも取り巻きと腰巾着の群を伴って移動し、投資助言を求める人々によって引き止められることなしに、ニューヨークの町を一ブロックも歩くことはできなかった。彼はよく写真を撮られ、取材を受けたが、揺るぎない自信の持ち主のように見えた。しかし内心では、透視力についての質問に常に悩まされた。

自分に透視力があるのかどうか、リバモアにはわからなかった。多くの新聞や雑誌の記事が、彼には透視力があるとセンセーショナルに書きたて、おべっか使いは皆、声を揃えて同意した。リバモア自身も時々、そうなのかもしれないと考えることがあったが、たいていは馬鹿げた考えだと結論づけた。

彼はすばらしい幸運の持ち主だったので、それが、彼には透視の能力があるという見方を支えた。一九〇六年のある日、彼が証券会社の窓口にふらりとやって来て、ユニオン・パシフィック株を空売りしたいと言った。証券会社は当惑した。ユニオン・パシフィックを空売りするって？　それは、この上なく無鉄砲なことだった。強気相場が続いていた。ユニオン・パシフィックは、上場企業のなかでも最も注目されている成長株の一つだった。空売りするどころか、投機家のほとんどが、貪欲に信用買いしていた。

しかし、リバモアは空売りすると言い張った。彼の唯一の説明は、株価が高すぎるので調整に入るという直観だった。翌日、彼は再び証券会社を訪れ、その巨大な鉄道会社の株式を大量に空売りした。

その翌日、一九〇六年四月一八日、サンフランシスコは大地震によって壊滅状態となった。数百万ドルの価値を持つユニオン・パシフィックの路線や不動産が、見込まれていた莫大な収益とともに、瓦礫に埋もれて消えた。同社の株価は転がり落ちる石のように下落した。ジェシー・リバモアは、約三〇万ドルを儲けた。

このように奇妙に見える出来事も、長い間投機をしていれば誰にでも起こりうる。すべての投機家は同じような逸話を持っているものだ。おそらく、あなたにも起こるだろう。ランダムな出来事が無分別に騒々しく動き回り、誰かに損をさせ、誰かを金持ちにする。わかっているのはそれだけだ。何もジェシー・リバモアだけが、サンフランシスコ地震の前にユニオン・パシフィックを空売りしたわけではなく、この大惨事の最中にただ一人利益を上げたわけでもなかった。リバモアと同じように利益を上げた投機家が皆、自分は将来を見る不思議な力を持っていると考えたわけではなかっただろう。彼らは、単に自分が幸運だったと考えたに違いない。ところが、すでに透視能力者というレッテルを貼られていたリバモアの場合、ユニオン・パシフィックの逸話によって、そのレッテルはさらにピッタリと彼に貼りつくことになった。

リバモアは、本気でそれを払いのけようとしたこともあった。それは、いつも彼を助けてきた幸運や透視の能力が彼を見捨てたときだった。破産したり、あるいは破産寸前まで追いつめられたとき、彼は、それまで透視力などというものに頼りすぎていたことを後悔した。そして、自分には透視能力以上に確固たる投機の技術があるのだと、自らを説得しようとした。

最後の出来事は、一九四〇年に起きた。一九三四年に破産したあと、リバモアは新たな富を築きあげていたのだが、再び資産を失いかけていた。彼は、魔法ではなく合理的なシステムを用いて投機をしていることを明らかに示そうとして、『株式投資の方法――時間と価格を組み合わせるリバモアの公式』と題する風変わりな小さな本を一九四〇年に出版した。

株式市場のパターンを見い出したと考えたために一九二九年に破産した、アービング・フィッシャー教授によって称賛されるような類の本だった。本は、パターンへの賛歌だった。「ピボット・ポイント」「第二の反応」や、そのようなものについてのチャートや解説が含まれていた。

それはまったく馬鹿げたものだった。パターンに従うことによって市場に勝とうとするのなら、よほど幸運でなければ、やがて困難に陥り、おそらく破産することになるだろう。この本は、透視能力者というレッテルを払拭したいという、その時点におけるリバモアの強い願望を表明するほかには、何ら有益なノウハウを提供するものではなかった。

おそらく彼は、最終的にはチャートと透視能力を混ぜた投機システムを開発しようとしていたのだろう。それは、どちらかに傾倒するよりも悪い結果をもたらしたかもしれない。一九四〇年十二月のある午後、ジェシー・リバモアはニューヨークのシェリー・ネザーランドホテルに入り、オールドファッションを二杯飲み、トイレに行き、銃で自殺した。

＊＊＊

人がなぜ、自ら人生を終わらせたかを正確に知ることは不可能である。リバモアは遺書を残していない。たとえ遺書が残っていたとしても、われわれは、本当の理由が何だったかと、もっともな理由をあれこれ思いを巡らすことしかできない。ジェシー・ローリストン・リバモアは複雑な男で、複雑な人生を生きた。そして、彼の自殺は、われわれが知ることのない問題によってもたらされたのかもしれない。フランク・ヘンリーは、「二〇人の異なるリバモアがいた。私はその一人を知っていたにすぎない」と悲しげに言った。

リバモアに圧《の》しかかった重荷の中には、投機の難しさが入っていたようだ。投機は、彼の人生において大きな執着の対象であった。シェリー・ネザーランドで最後のオールドファッションを飲んでいたとき、彼は、人生で四度目となる破産を迎えようとしていた。彼の投機に対するアプローチは、明らかに間違っていた。透視の能力は彼が期待したほど透き通っていなかった。自分が持っていると信じていた予知能力が傾いたとき、それが彼を破滅へと導いた。

ジェシー・リバモアのような悲劇的な最期に近づく危険が、あなたにもあると言っているわけではない。リバモアの話は、オカルトを信じることが健全な投機の思考を狂わせてしまうことがあるという、特殊な一例にすぎない。オカルト的な思考への傾倒は、あなたの健康には無害かもしれないが、あなたのお金にとっては有害である。

副公理XII

占星術が当たるのであれば、すべての占星術師は金持ちであろう。

この副公理は、占星術のあら探しをしているようであるが、それは、米国をはじめ西洋諸国では占星術が最も人気のあるオカルト信仰だからである。最近のギャロップの世論調査によると、三二〇〇万人の米国の成人が占星術の価値を信じており、少なくとも、それより多くの人々がときどき新聞や雑誌の星占いを読んでいるという結果を示した。魔法やタロットのようなオカルトの信奉者はもっと少ないが、副公理XIIは、占星術師と同様にそれらについても言及している。

考えてもらいたいのは、次のことである。もしあなたが、占星術などの神秘的で超自然的な教義に魅力を感じているのなら、どんなことがあっても必ず、自分で納得するまでその本質と精神を追求すべきである。その教義と戯れ、人生の一部にして、思う存分つきつめてみるがいい。しかし、それを使ってお金を儲けようとする前に、一つやってみてもらいたいことがある。その教義を実践している人々を見回して、とりわけ先生や宣教師、あるいは教祖などと公言している人々に対して、この質問をしてほしい。あなたは金持ちかと。

もし、彼らがたいした金持ちでないなら、あなたは有益な事実を学んだわけだ。このオカルトの教義が内なる平和などといったご利益をもたらしてくれるかどうかにかかわらず、それは間違っても、あなたの銀行口座を肥らせてくれることはない。

あなたにもわかるように、占星術師や占星術の信奉者たちが、一般の人々よりも金持ちという事実はない。タロットカードや超自然力、神秘的なインチキ科学、あるいは新興宗教の信奉者も同様だ。彼らはお金に関しては、ほかの誰もがそうせざるをえないように、暗闇で手探りしなければならない。金持ちもいるし、貧乏人もいる。ほとんどの人はその中間である。そして、ほとんどすべての人は金持ちになりたいと考えている。つまり、彼らは、あらゆる場所にランダムに集まる普通の人々と、何ら変わりはないということだ。

聖職者や牧師、ラビやオカルト集団の教祖は、信者を金持ちにすることが彼らの仕事ではないと言うだろう。これはしばしば言い逃れであるが、本心からそう言うのであれば称賛に値する。しかしながら、多くの教祖は、お金についても助けることを約束するものだ。新聞や雑誌であなたが読む星占いもそうだ。「魚座――六月三日から一〇日は、投資にうってつけの日である……」

もしあなたが、こうした神秘的な教義の支持者に、その方法でお金を儲けたという事実を示すよう要求すれば、彼らは通常、示すことができるだろう。これが教義を危険なまでに魅惑的にする。第四の公理で学んだ予言者のように、すべてのオカルトの実践者は、少なくとも一つは幸運な話をすることができる。その話のいくつかは実際に驚くべきものだ。もし、オカルトを信じる友人や隣人がいるのであれば、うんざりするほどこの種の話を聞かされ、あなたも「もしかしたら……」と考え始めるかもしれない。しかし、懐疑心とお金はしっかり持っていなければならない。あなたが聞く話は、ジェシー・リバモアのユニオン・パシフィックの驚くべき冒険話のようなものだ。そうした神秘的なアプローチがすばらしい金儲けの方法であるという保証は何もない。確かなことは、十分に長く投機を続けていれば、遅かれ早かれ、神秘的な大当たりを経験する可能性があるということだけだ。

私自身、そういう経験がある。もっとも奇妙だったのは、タロットカードだ。

何年も前に、ある雑誌が私にカードゲームの歴史について記事を書くように依頼してきたとき、私はタロットに興味を持った。現在のブリッジやポーカーで使用する五二枚のトランプは、一組七八枚のタロットカードから生まれたものだった。タロットはゲームではなく、未来の予言のためにデザインされたものだが、何かが私の興味を惹いた。やがて、私は表面的にはタロットを解釈することができるようになった。それは、つまらないパーティーを楽しくするものだった。

この調査の過程で、必然的に私はお金についての話を聞いた。タロットは、その予言の多くが富や貧困についての質問に直接答えるためのものだからである。ウォール街にある、オプションの大手証券会社ゴドニック・アンド・サンの役員から、興味をそそられる話を聞いた。オプション取引という、非常にリスクの高い投資手段に詳しくない読者のために少し説明しておこう。コール・オプションというのは、将来の一定期間において、あらかじめ決められた価格で株式を購入する権利である。株価が上昇すると確信しているときにコールを買う。もし、本当に株価が上昇すれば、現物株を購入するよりも少ない元手で大きな利益をあげることができる。反対に、もし株価が下落すれば、投資額をすべて失うことになる（プット・オプションは、その反対である。将来の一定期間に、あらかじめ決められた価格で、株式を売る権利である）。

ある日、ゴドニック社のビバリーヒルズ支店に粗末な身なりの男がやって来て、コントロール・データ社のコール・オプションを買いたいと言った。男は、地元の銀行が自分宛に振り出した五〇〇〇ドル弱の小切手を持っていた。明らかに預金口座を解約してきた様子だった。ゴドニック社のカリフォルニア地区担当マネジャー、マーティ・トレスラーは、おそらく、それがこの男の全財産だと思った。心配になったトレスラーは、この不思議な顧客に対していくつかの質問をして確認しておきたかった。

本当に全額をリスクにさらしていいのですか？　男は「そうだ」と言った。すべてを株に？「そうだ」。それにしても、どうしてコントロール・データ株を？　そのとき、コントロール・データは、ウォール街ではあまり注目されていなかった。同社は、解決するのに何年もかかるような問題を多く抱えていると思われていた。株価は、男が取引したときには約三〇ドルだったが、めったに取引されていなかった。コントロール・データに対する典型的な投機家の反応は、一瞥して、「ああ、いつかおもしろくなるかもね。たぶん、来年もう一度考えてみるよ」というものだった。

しかし、マーティ・トレスラーの顧客は、自分が投資したい銘柄はコントロール・データであると確信していた。トレスラーは、執拗に理由を訊いた。すると男は、タロットについて何かをつぶやき始めた。

男は、カードからホットなヒントを受け取ったというのだ。トレスラーは、顧客を追い返してしまうことになるかもしれないと覚悟を決めて、その顧客と議論した。しかし、男はまったく動揺しなかった。全財産をコントロール・データのコール・オプションにつぎ込みたいと言い張った。結局、トレスラーはしぶしぶながら、男から五〇〇〇ドルを受け取り、幸運を祈るしかなかった。

六ヵ月後、いかなる合理的な予想も裏切るように、コントロール・データは最もホットな銘柄の一つになっていた。株価は一〇〇ドルを超えていた。トレスラーの不思議な顧客がやって来て、コール・オプションを清算したいと言った。トレスラーは、六万ドルを超える小切手を男に手渡した。半年でお金を一二倍以上にしたのだ。男は通りに出て行って、ゴドニック・アンド・サンに二度と戻ってくることはなかった。

驚くべき話だ。しかし、話はまだ終わっていない。ここからは、私も話に加わることになる。

これまでの話は、ある晩、ウォール街の酒場でゴドニック・アンド・サンのバート・ゴドニックが話してくれたものだが、実は、私にも個人的に関係がある話題だったので、特別な関心を持って話を聞いていた。というのも、私自身もコントロール・データ株を数百株保有していたからだ。

私は、マーティ・トレスラーのタロット好きの顧客ほど先見の明はなかった。私は、三〇ドルではなく、会社が注目を浴び始めた頃に、それがもっと上昇するという直観が閃《ひらめ》いたので、約六〇ドルでコントロール・データ株を買った。直観は正しかったことが証明された。株価は劇的に上昇し続けた。ゴドニックと会った日も株価は数ポイント飛躍し、私があらかじめ計画していた手仕舞い価格一二〇ドルまでもう少しという水準まで達した。

われわれは、タロットとコントロール・データ株について話をした。私はゴドニックに、株価が一二〇ドルになったら売却するつもりであることを話したが、彼は乗り気ではなかった。経験豊かな投機家である彼は、手仕舞い価格について理解していたが、今回は例外だと考えていた。彼の直観は、浮かれ相場はさらに数ヵ月続くというものだった。彼は、コントロール・データはまだまだ上昇すると考えていた。われわれは、その点について議論した。ついに彼は、私がどうすればよいか確信していないのであれば、タロットカードに相談すべきだと冗談交じりに言った。

そこで私は、少し楽しんでみるつもりでタロットで占った。

タロットカードから〝指示〟を受け取る方法はいくつかある。一つは、特定の質問をすることだ。「これについて、どうすればよいか?」あるいは「これの見通しはどうだ?」というものだ。それからカードをシャッフルし、次に、定められた方法でカードを並べる。そしてカードを読み解く。質問についての情報は、数々の絵の中に順番に含まれていて、適したカードが現れると、表側が示される(現在のトランプとは異なり、タロットカードには裏表両方に絵柄がある)。

私は、コントロール・データ株の見通しについて質問してみた。タロットの答えは通常、多くの「たぶん」や「一方で」を含み、いくつもの解釈ができるようになっている。ところが、驚いたことに、私が得た答えにはまったく曖昧さがなかった。コントロール・データ株には栄光に輝く未来があると、はっきりと示していた。タロットの答えがこれほど明確なのを、私は見たことがなかった。

父フランク・ヘンリーなら、きっと軽蔑しただろう。これまでの人生において、私は、宗教やオカルトのお告げによって経済的な問題に対処したことはない。あとにも先にも、手仕舞いポイントに達したらゲームをやめるという自分との約束を破ったのは、わずか数回にすぎない。しかし、タロットに私は惹きつけられた。株価はすでに一二〇ドルに達していたが、私は売らずに持ち続け、そして待った。

自己弁護のために言っておくが、私は、安心しきって眠りにつくほどに、タロットの予測を信じていたわけではない。健全な心配した状態を維持し、問題が発生したらすぐに逃げ出す準備はできていた。しかし、そのような兆候は何週間も表れなかった。その狂った株式は、一五五ドルまでまっしぐらに上昇した。

その頃になると、私は本当に心配になっていた。手仕舞いポイントを抜けても手仕舞っていないときには、巨大なゴムバンドが自分を押し戻そうとするのではないかと、恐怖心を感じるものだ。遠くに達するほど、ゴムバンドは張りつめてくる。株価が一五五ドルを記録したとき、私はタロット占いをもう一度やった。

今回は、見通しは呆れるほど悪かった。乱暴なまでの変化と恐ろしい不幸が待っていると、カードは言った。そこで私は、ずっと我慢していたことを実行に移した。売却である。

株価は一六〇ドルまで上昇して、そして急落した。まだ保有していた人にとって、それは悲劇的な結末だった。売り注文の波が次から次へと押し寄せ、株価を押し下げ、一つの波は次の波の引き金となった。九ヵ月後にパニックが収まると、株価は二八ドルになっていた。

タロットが私を救ったのだ！

果たしてそうだったのだろうか。私は徐々に正気を取り戻した。実際、私の幸運がカードのマジックによってもたらされたという証拠は何もなかった。実際に起こったことは、いくつかの幸運なめぐり合わせに遭遇したということにすぎない。

将来、同じような状況になったとき、同じように幸運に依存することや、幸運を期待することは無謀なことだ。それは、私を経済的破滅に導くかもしれない。そう考えた私はすぐに、オカルトの幻想がもたらす心地よい幻想には近づかないことにした。タロットを片付け、パーティーの余興のとき以外、二度と使わないと誓った。私は誓いを守った。時がたつにつれ、ほとんど魅力さえ感じなくなった。いまでは、タロットへの関心はすっかり消え、例のカードがどこにあるかもわからない。

もし、占星術が当たるのであれば、副公理は、すべての占星術師は金持ちであるはずだと言っている。タロットの信奉者についても同じである。誰でも一度や二度は当たることがあるが、金儲けの方法について検証すべきことは、一貫して当たるかどうかである。もしかしたら、コントロール・データの冒険のあとにオカルトの助けを拒否したのは間違っていたかもしれないが、そんな疑いは間もなく、きっぱりと消え去った。

しばらくして、私はニューヨークで自称タロットの達人と昼食をとった。昼食は彼の招待によるものだった。彼は、タロット占いを職業としており、カードや教本を売っていた。このテーマについて、私がさらに記事を書こうと考えていたことを知り、彼は、宣伝のチャンスだと考えたようだ。それも悪くなかろうと、私は思った。実際、興味深い男だった。彼は、タロットが、経済的な目標を達成するために世界で最も適した方法の一つであると、私に断言した。

昼食のあと、ウエイターが勘定書を持って来た。タロットの達人は、それに気づかないふりをした。結局、私が手にした。彼はにやっと笑い「必要経費で落とすのでしょう？」と言った。実際には、経費として計上するつもりなどなかったが、それ以上何も言わなかった。

店の外で、もっとおもしろいことが起こった。タロットの達人は「一時的なキャッシュフローの問題」を抱えていることを説明しながら、タクシー代として五ドルをせびった。私は二度と、彼にも、私の五ドルにも会っていない。授業料だと思えばいい。

副公理 XIII

迷信を追い払う必要はない。適当な所に置くことができれば楽しめる。

ほとんどの人が迷信の一つや二つは信じている。占星術のようなオカルトの信奉者でなくても、幸運の飾りを持っていたり、数字の一三を避けたりする。これまで見てきたように、宗教や神秘的なもの、あるいは迷信は、金持ちになろうとしている人に深刻な問題をもたらすことがある。

けれども、そのような信仰や信仰のようなものを心に抱いていたとしても、あなたの人生からそれを一蹴するための根気のいる計画に着手する必要はない。そのような計画はどのみち失敗するものだ。たとえば、梯子の下を歩くのを不吉に思うのはいたしかたないことだ。そういう考えを追い払う代わりに、あなたがしなければならないのは、そういった神秘的な考えが、いつ、どのように、あなたの資産形成に具体的な影響を及ぼすかを知ることである。

おそらく、その影響はきわめて小さく、取るに足らないものだ。しかし、もしあなたが、この神秘的な、あるいは神秘的に見えるものが好きなのであれば、少なくとも、それをペットとして持ち続けることはできる。

ここから、私は「迷信」という表記を使う。別に嫌味を言ったり、非難するつもりはない。私にとっての迷信は、あなたにとっては宗教かもしれないし、その逆もあるだろう。ここでは「迷信」は、すべての人が共有しているわけではない超自然的な信仰を意味している。

ある迷信をあなたの資産形成に取り入れる方法もあり、そしてそのタイミングもある。それぞれにつき一つずつ。一つだけだ。それ以外の方法で使うと、迷信はあなたを大惨事に導くだろう。

どうやって迷信を使うのかというと、楽しんで使うのである。

迷信を使うのは、合理的な分析ではどうにもならない状況においてである。

一つの例を示そう。宝くじや数字のゲームで遊ぶために、数字を一つ選択する。どの数字も同じ確率で当選する。分析のための手掛かりはない。熟考したところで、ほかのプレーヤーに関するヒントのかけらさえ得ることはできない。結果は、完全に、偶然によって決定される。

われわれはすでに、株式市場などの投資においても、偶然が非常に大きな役割を果たすことを見てきたが、そうはいっても、少しでも有利な投機をしようと悩んだり、直観を働かせる余地はある。数字を一つ選択するゲームには、そんな余地はまったくない。

あなたにできることは一つしかない。リラックスすることだ。楽しむしかない。決して真剣になってはいけない。にこりと笑って、あなたが好きな迷信に頼るのだ。

ニュージャージー州ヒルズデールに住むチャールズ・ケルナーは、これをうまく行なっている。彼は不動産やレストランなどに投資しているが、そういう投資においては、超自然的な信仰など一切計算に入れたことはない。けれども、彼がニュージャージー州の宝くじを買うときには、自分でも奇妙だと認めているが、夢で見たヒントを当てにすることがある。

ニュージャージー州の宝くじでは、三桁の数字を予想する。一枚五〇セントで、勝てば五〇〇ドルもらえる。しばらくの間、チャールズ・ケルナーは負けてばかりいた。ある晩、彼は幽霊屋敷の夢を見た。幽霊屋敷の二八三という番地は、夢の筋立てのなかで重要な数字だった。目覚めたとき、この数字が頭に残っていた。それがなぜかはわからなかった。自分にとって何ら重要性を持つ数字ではなかった。しかし、面白半分に、彼はその日の宝くじで二八三に賭けた。そして驚いたことに、彼は五〇〇ドル儲けた。

数週間後、彼は再び夢を見た。母親についての夢だった。今回も面白半分で、彼は翌日、かつて母親が住んでいた家の番地に賭けた。当たりだった。

妻のドロールは、彼のことを「三桁をつかむ男」と言った。「もっと睡眠薬を飲ませるわ。彼の一時間当たりの稼ぎは、起きているときよりも、寝ているときのほうが多いの」

ケルナーは、夜の予知ゲームを楽しんでいた。資産運用にとっては取るに足らない金額だったので、とりたてて問題はなかった。もちろん、彼が予知の言うことを聞くのは、単なるゲームとしてお金を賭けているときや、合理的な判断がつかないときだけだ。

もともと迷信は信じていないので、自分に予知能力が備わっているなどとは考えていなかった。しかし、たとえ彼がそう信じていたとしても、あるいは、そうかもしれないと思っていたとしても、経済的には健全でいられるはずだ。正しい方法で、正しいときにだけ迷信を使い、決して大事なときに迷信に頼らなければ。

●投機戦略

では、第八の公理を振り返ってみよう。それは、お金と宗教とオカルトについて何を教えているだろうか。

公理は本質的に、お金と超自然現象が組み合わされると、投機は突然うまくいかなくなると言っている。二つの世界は隔離しておかなければならない。神があなたの銀行口座に関心があるという証拠はないし、オカルトの信仰や実践が信奉者に良い経済的結果をもたらしたという証拠もない。たまには単発で大当たりして世間から注目を浴びることもあるが、幸運の気まぐれが起こったという以外、何ら必然性を示すものではない。

神やオカルト、霊能力の助けを期待することは、役に立たないだけでなく、危険でもある。それは、あなたを心配していない状態に落ち着かせるが、これまで見てきたように、それは投機家にとって良い状態ではない。お金を賭けているときには、頼れるのは自分一人だと覚悟しなければならない。自分以外の何物にも頼らず、自分自身の冷静な判断力だけを頼るのだ。

The Ninth Major Axom
On Optimism and Pessimism

第九の公理
楽観と悲観について

楽観は最高を期待することを意味し、
自信は最悪に対処する術を知っていることを意味する。
楽観のみで行動してはならない。

楽観はいつもマスコミで好評を得る。常に楽観的であればよいと感じられる。楽観的な人々は陽気だから、憂鬱なときには楽しい仲間である。一九三〇年代の世界恐慌のとき、全国的なネットワークを持つオプティミスト・クラブ（楽観論者クラブ）という会があり、彼らは、よくなると信じてさえいれば物事は良くなる、ということを信条としていた。やがて恐慌は沈静化し、楽観論者の中には「ほら、うまくいっただろ」と言う者もいた。おそらく、楽観主義は、第二次世界大戦に助けられ、その役割を果たしたのであろう。しかし、あなたの個人的な資産形成においては、楽観主義の役割についてはきわめて慎重であったほうがよい。

希望や期待といった感情は、通常は、あなたに被害を与えることはない。「私は学び、うまくやれる。やり遂げるに違いない」。実際、前向きな姿勢がなければ、どうして投機などできるだろうか。とはいえ、特定の投資に応用する場合には、楽観には注意すべきだ。あなたの心に、危険をもたらすかもしれない。

プロのギャンブラーはそのことを知っている。それは、アマチュアのポケットを空にするための、最も効果的な道具である。

ポーカーでは、賭けるべきではないオッズになると、プロであれば賭けない。ただ、手を引くのだ。賭金をドブに捨てることになるが、より大きな損失から自分を救うことになる。けれどもアマチュアは、楽観によって混乱してしまう。「たぶん、私は幸運だろう」と思う。「私がカードを引けば……テーブルの向こう側の男には、たいした手が入ってないはずだ。はったりに違いない」

もちろん、アマチュアに幸運が訪れることもある。非常に勝ち目の薄いオッズでも勝つことがある。アマチュアはときとして、その狂った楽観主義を持ち続けるのに十分な頻度で、逆境に打ち勝つ。だからこそ、彼は勝ち目のないゲームに賭け続けるのだ。しかし、たまに逆境に打ち勝つことができても、勝ち続けることはできない。たいていは、オッズが負けを示していたなら、それは負けゲームである。プロは、楽観主義のカモが賭けるべきでないときに賭けるよう、どれほど簡単に説得されてしまうかを知っているので、金持ちになる。

プロは楽観を持ちあわせていない。彼が持っているのは自信である。自信は、悲観を建設的に利用することから生まれる。

楽観主義者は、暗い谷を降りていくときでも勇敢な笑みを浮かべ、「物事は見えるほど悪くない」と言う。あるいは、その代わりに歌を歌う。報われない愛をテーマにして、多くの曲が作られてきた。それは確かにすばらしく、感傷的なテーマであるが、自分の資産形成と混同させてはいけない。ポーカーをはじめとする投機の世界では、事態は、ほとんど常に見えるままに悪い。多くの場合、見える以上に悪い。少なくとも、見えるほど悪くないことよりも、見える以上に悪いことのほうが多い。あなたが望むなら、見えるほど悪くないほうに賭けることもできるが、確証がないのであれば、楽観視しすぎている。事態が悪く見えるときは、本当に悪いと考えるほうが安全だ。

＊＊＊

「楽観のみで行動してはならない」と公理は教えている。楽観の代わりに、自信を探すのだ。自信は、最高を期待するところからではなく、最悪に対処する術を知ることから生まれる。

ポーカーのプロは、カードが自分の期待に反したものだった場合、何をすべきか知っている。

もちろん、彼はそうならないことを期待するが、期待に自分の運命を賭けることはない。訓練したうえでゲームに臨み、運がないときには、分別よく行動する準備ができている。建設的な悲観とは、そういうことを意味している。

ここで、あまりに楽観的に行動してしまった、若い夫婦の悲しい冒険について話しておこう。彼らをサムとジュディと呼ぶことにしよう。これは、サンフランシスコ郊外の不動産業者から聞いた話だ。

サムとジュディはヤッピー――都会に住む若い専門職――の典型だった。サムは広告マンで、ジュディは小児科の研修医だった。彼らは大きな夢を持っていた。サムはいつか自分の広告代理店を起業したいと考えていた。ジュディは開業医になりたかった。健全な貪欲さを持ちながら、彼らは金持ちになることについて率直に話し合った。その日に早く近づくために、彼らは結婚後、早い時期から余裕資金でリスクをとり始めた。

投機家としての技術を持ち合わせていないことを考慮すると、彼らは、最初は結構うまくやっていた。運も味方した。結婚当初、二人の預金は合計で一万二〇〇〇ドル程度だったが、数年のうちにそれが倍になった。二万五〇〇〇ドル程度にまで増えたのだ。けれども、そこで彼らの運は尽きてしまった。

彼らは、南西部の広大な土地開発について耳にした。半エーカー以上のさまざまな広さの土地が、住宅地として、あるいは投資目的で販売された。開発会社は拡張しすぎていた。計画通りに道路は建設され、配管設備も一部は完成した。しかし、会社の資金は底を突いてしまった。広大な土地の大部分はまだ手つかずで、半砂漠の荒野のままだった。

是が非でも現金を手に入れようとして、開発会社は、未開発の土地の価格を次第に値下げしていった。中心から離れた土地は、開発済みの土地と比較して、驚くほど安い価格で売り出された。

サムとジュディは、かなり興奮気味に、この興味深い開発用地を調べた。蓄えをほとんど使ってしまうことになるが、中心から離れたところに、相当に広い土地を購入することができることがわかった。いずれ、その土地を売却することによって、彼らは短期間にお金を二倍あるいは三倍にすることができるかもしれない。

もし、計画通りに道路が建設されれば。彼らの所有する中心から離れた場所にも配管が敷設されれば……。

開発会社にとってもギャンブルだった。会社の財務状況が健全性を取り戻し、さまざまな法的問題が解消し、さらにいくつもの問題が解決すれば、やがて道路や配管はサムとジュディの土地まで伸びてくるだろう。しかし、物事が悪い方向に進めば、彼らの土地は永遠に手つかずのまま放置されることになるだろう。

会社の販売用資料や営業マンたちは、もちろん約束した。もっと正確に言うならば、約束のようには聞こえるが、法的には会社を何ら縛らない表現で、「見込みでは……取締役は……と確信して……」といった心強い言葉をつぶやいた。とはいえ、サムとジュディも、それほど世間知らずではなかった。彼らはリスクについても認識していた。会社は倒産するかもしれない。あるいは、株主が開発中止に賛成し、残りの現金を持って、風に舞う種のように散り散りにいなくなってしまうかもしれない。そのような場合には、サムとジュディの土地は、彼らが払ったバーゲン価格よりも価値が低くなってしまうだろう。ただの売れ残りになってしまうかもしれない。彼らのお金は残りの人生の間、その土地にとらわれたままになってしまうかもしれない。

それでも、彼らはそのリスクはとる価値があると考えた。楽観的だったのだ。

リスクをとるのは悪いことではない。結果が予想できない投資にお金を賭けることはすべての投機の基本である。これまでの公理で学んだように、すべての投資は結果を予想することができない。人間のすることに信頼できるパターンはない。どんな予測も信頼できない。あなたがIBMの株を買っているにしろ、未開発の土地を買っているにしろ、同じようにギャンブルしているのである。儲けを期待してお金をリスクにさらしているのである。サムとジュディは、自分たちを〝投資家〟と呼びたがる賢明なウォール街の人々が、日々行なっていることをしていたにすぎない。

しかし、サムとジュディは基本的な過ちを犯した。十分に悲観的ではなかったのだ。カードが期待に反したときに、どのように自分たちを救うべきかを考えなかったのだ。

ＩＢＭの株式を購入するのもギャンブルだが、株価が下落した場合に自分自身を救う方法はある。売却するのだ。われわれは第三の公理において、売却して損を確定することは決して簡単ではないと警告したが、少なくとも損切りするチャンスは与えられている。ＩＢＭ株ならいつでも誰かが買値を提示しているので、売却相手には困らない。投資を決める段階で、「ここまで下落したら売却する」と、出口の印をつけておくことができるのだ。

最悪にどう対処するかを知ること。それが自信である。

もしサムとジュディがそれほど楽観的でなければ、自分たちのために出口を見つけておくことができた。彼らが目を付けた土地は、舗装道路が敷設された区域から一マイル以上も離れていた。この距離が、地価が非常に安かった理由の一つである。未開発の区域はほかにもあったが、それらは開発された地区に近い分、価格もそれなりに高かった。サムとジュディも、これらの、より高い土地の一部を購入することはできたのだ。開発された区域に近ければ、仮に会社が約束を守ることができなかったとしても、自分たちで開発を進めて、短い道路を敷設し、売却可能な宅地にすることができたかもしれない。もちろん費用がかかるので損を出す可能性はあるが、少なくともそこから抜け出すことはできただろう。

けれども彼らは、そうした憂鬱な可能性について考える代わりに、楽観的な可能性に賭けたのだ。彼らにとって前途は有望に見えた。サムとジュディが確信していたように、開発会社が困難を脱し、計画通りに開発を進めていれば、彼らと同じように中心から離れた土地を購入した人々も、目をみはるほどの利益を得られていただろう。しかし、現実には、サムとジュディは出口のない投資にはまり込んでしまった。

これは何年も前の話だ。会社はもう存在していない。約束された道路も配管もない。州の検察は、会社の元経営者らを追跡し、賠償させようと試みたが、これまでのところ成功していない。一方、サムとジュディは、歩くか、馬にでも乗って辿り着くしかない土地にお金をつぎ込んだまま、現在に至っている。

その土地は永遠に売れないかもしれない。彼らと同じ中央から離れた土地の所有者たちは道路と配管設備のコストを分担することを話し合ったが、これまで何も進展がない。推定されるコストは高く、自分の分担を支払う意欲がある所有者もいるものの、そうでない所有者もいる。楽観によって裏切られたサムとジュディは、一生続くかもしれない罠にはまってしまったのだ。

＊＊＊

楽観がそれほど当てにならないのは、悲観よりもずっと気分が良いものだからである。それは催眠の魅力を持っている。甘い歌声が船員を惑わせて船を座礁させてしまう、古代ギリシャ伝説の海の妖精セイレンのようである。

どんな投資でも一度始めたら、良くも悪くも、将来には無数の可能性がある。良い結果と悪い結果の可能性は同じである。あなたはどちらも経験するだろう。どちらの結果を、あなたは好むだろうか。もちろん良い結果だろう。

結局のところ、楽観主義は人間らしい考え方であり、おそらく治らない。見通せない将来を見えない目で見つめながら、われわれは最高を期待し、最高を期待するように自分自身を説得する。おそらく、人生は楽観なしには生きていけない。投機もまた楽観なしには不可能である。お金を賭けるという行動は、知ることのできない結果についての楽観的な意思表明とも言える。これはパラドックスである。楽観主義はとても気持ちが良く、必要とさえ思えるものの、コントロールが効かなくなってしまうと、金銭的な悲運につながる可能性がある。

楽観は、サムとジュディのような悲運を招くだけでなく、判断を誤る一番の原因にもなる。ウォール街を見ればすぐにわかることだ。日々の株式市場で何が起こっていようとも、次のすばらしい強気相場は来週始まるという楽観論者が必ずいる。そうはならないという悲観論者もいるが、投資家がどちらの意見に耳を傾けるかと言えば、ほとんどの場合、楽観論者である。彼らの言葉のほうが、より心地よく響くからだ。

これを自分自身で検証することもできる。ウォールストリート・ジャーナルやニューヨーク・タイムズのような主要な新聞には、株式市場のニュース、ゴシップ、意見のコラムが毎日掲載されている。こうしたコラムを書く経済ジャーナリストは、毎日株式市場が閉まると電話をかける。相手は、証券会社、アナリスト、あるいは、その日の売買についてよく知っていそうな人々である。たいていのジャーナリストは、この目的のために長話ができる、好みの相手のリストを持っている。誰に電話をかけるかを、ジャーナリストはどうやって決めるのだろう。どんな人が適任なのだろうか。主に、三つの条件がある。電話しやすいこと、意見がはっきりしていること、そして、楽観的であること。

何年にもわたる私の大まかな算定によると、少なくとも、株式市場に関するコラムの四分の三は楽観的なもので、これは明らかに偏った数字である。強気派と弱気派が同じくらい存在していてもよさそうなはずだ。それでも、もし、われわれが新聞のコラムに基づいて賭けをするのであれば、強気派が過半数を占めることになる。なぜか。それには二つの説明がある。

第一に、実際に強気派が弱気派よりもずっと数が多いというもの。この理由は、もちろん、楽観主義のほうが悲観主義よりも心地よいと感じるからだ。だから、もし、良心的でバランスのとれたレポートを書こうとして、強気派と弱気派のコメンテーターを同数だけあちこち探し回ろうとすれば、強気派を見つけるのがいかに簡単であるかという事実に、ジャーナリストはいらいらすることになろう。

第二に、経済ジャーナリストは、通常、どんな場合でも同じ数の強気派と弱気派を探さないというものだ。それはなぜか。彼らが強気派を取材するほうを好むからだ。話を聞いていて心地よいからだ。この場合、ウォール街に強気派と弱気派が同じ数だけ徘徊しているとすれば、強気派が過大にコラムに取り上げられていることになる。

強気のなかでも最も強気な人が、あらゆるメディアによって何度も何度も引用される。少なくとも二週間に一度は必ず新聞、ラジオ、テレビのビジネスレポートなどに名前があがる男がいる。ウォール街で最大かつ最も古い証券会社の役員である。陽気な人物で、非常に美しい音楽を奏でるので、ここで名前を出すことで彼が忸怩《じくじ》たる思いをしたり、彼のイメージを傷つけたりしたくない。彼の音楽を狂わせるのは罪深いことだと感じる人もいるだろう。

　彼が頑固なまでの楽観主義者であるために、ジャーナリストは彼のコメントを繰り返し求めた。常に間違っているという事実に誰も憤慨しなかったし、それによって彼の存在感が薄れることもなかった。一九八〇年と一九八一年の間、彼は、強気相場が始まりつつあると執拗に予想し続けた。それは起こらなかったが、ジャーナリストは彼を引用し続けた。彼の予想は、ついに一九八二年八月に正しくなった。強気相場が始まり、それは一九八三年の春に消滅した。この陽気な男は、「気にするな、われわれが見ているものはすべて強気相場の一時的な休みにすぎない！」と宣《のたま》った。「ダウ平均はすぐに一三〇〇に達するだろう」と言い続けた。しかし、そうはならなかった。一九八四年の第一・四半期には、ダウ平均は一一〇〇まで下落した。しかし、これもただ、この引用にうってつけの男に楽観主義をいっそう声高に主張させる材料にすぎなかった。パラダイスがすぐ手の届くところにあると彼に気づかせるには、株式市場がたった一日上昇すればよかった。四月初旬、何週間もの低迷の後、ダウ平均は一日で約二〇ポイント上昇した。ニューヨーク・タイムズは、これは強気相場の第二の波の始まりであるというこの楽観主義者のコメントを掲載した。

翌日、ダウ平均は前日の上昇分二〇ポイントの半分を失った。その翌日には、残りも失った。約束された第二の波は少し遅れているようだ。それでも、楽観主義者がうろたえることはなかったし、彼に電話してくるジャーナリストの数も減らなかった。一週間かそこらが経つと、彼は再び、その陽気な歌をウォールストリート・ジャーナルの記者の耳とタイプライターに向かって歌い始めた。

このように人間の心理とは不思議なものである。私たちは楽観主義と楽観主義者に惹きつけられる。明らかに、楽観主義者は、悲観主義者が将来について知っている以上のことは何も知らないはずだし、楽観主義者の話のほうが、客観的に聞く価値があるわけでもない。それにもかかわらず、すでに述べてきたように、あなたが耳を貸すのは楽観主義者なのである。

あなたの周囲には多くの楽観主義者がいる。あなたの頭の中にも強情な楽観主義者が間違いなくいるだろう。彼らに注意しなければならない。彼らは、あなたの正しい判断を危険なまでに混乱させることができる。

伝説のなかでオデッセイは、船員の耳を蝋《ろう》で塞ぎ、自分自身をロープでマストに縛りつけておくことで、無事にセイレンをやりすごした。しかし、そのような防衛方法は、楽観主義者の歌には効果的ではない。結局、人間には歌を完璧に遮断することはできない。人間にできることは、自分の内なるコンパスに楽観主義への偏りがあることを認識し、その危険に対する警戒を怠らないことだけである。

もしも楽観的な気分になったら、その良い気分が事実によって正当化できるかどうかを判断するのだ。少なくとも半分は正当化されないに違いない。

●投機戦略

第九の公理は、楽観主義は投機家の敵であると警告している。いい気分にはなれるが、それだけに危険である。楽観は判断を曇らせる。あなたを出口のない投資に導くことができる。たとえ出口があっても、それを使わないように、あなたを説得してしまう。公理は、単に楽観的になれるというだけでお金を賭けてはいけないと教えている。お金を投資する前には、物事が悪い方向に進んだ場合に、自分をどう救うのかを自問すべきだ。それがはっきりわかっているなら、楽観よりも良い何かを持っていることになる。あなたは自信を持っている。

The Tenth Major Axiom
On Consensus

第十の公理
コンセンサスについて

大多数の意見は無視しろ。それはおそらく間違っている。

物事を懐疑的に見ることにかけて、ルネ・デカルトの右に出る者はいまい。デカルトは、自分自身で検証するまでは、何事も信じることを拒否した。これが、彼がギャンブラーや投機家として成功した理由の一つである。彼は三〇〇年以上も前に亡くなっているが、どんな近代の投機家も彼から多くを学ぶことができるだろう。じろりと睨む黒い目と三日月のような鼻を持ち、醜いけれども愛想がよく、非凡な知性を持ち合わせていたデカルトの作品は、多くの夜を楽しく過ごすためだけのものではない。

デカルトは、神、人間、彼自身の存在を含め、事実上すべてを疑うことから哲学を出発させた。このことが彼の母国フランスの宗教的な権威を激怒させた。彼はオランダに隠棲していた。他人が真実であると考えるものを否定し続けながら、デカルトは、自分自身の感覚と経験を通して真実を発見する方法を探した。やがて、根源的で、議論の余地がない真実と考えられるものに辿り着いた。コギト、エルゴ・スム（我思う、故に我あり）――「私は思惟するが故に存在する」。こうして、自分が自分の夢の幻影にすぎない存在ではないことに満足した彼は、ほかのさまざまな仮定や前提を検証し、否定し続けた。このプロセスにおいて、デカルトは数学に大きく貢献し、その完成度ゆえに、その後三世紀にわたり誰にも超えられない哲学を構築した（私のお金にとっても、これに比肩されうるほど役立つと言える哲学はない）。デカルトはまた、哲学的な思索の過程で、部分的には趣味として、あるいは、高級ワインなどの贅沢品を嗜《たしな》むためにも、ギャンブルについて科学的に研究した。

一七世紀前半、株式や商品の取引は、厳密には組織化されていない数ヵ所の取引所で行なわれていた。デカルトは、アムステルダムの活気ある市場に興味をかきたてられたようだが、彼が投資を行なったかどうか、投資額がどの程度の規模であったかはわからない。わかっていることは、頻繁に、ときには異端を理由に逮捕されるのを避けるために、別人になりすましてパリに旅行して、ギャンブルをしたことだ。

さまざまなカード、ボードゲーム、ルーレットがカモを待っていた。デカルトは、結果が運だけに依存するのではなく、数学的計算や心理にも依存する、現在のブリッジやポーカーのようなゲームが好きだった。彼は、世故や社会的なノウハウを退けながら、自分自身の真実を確立することにこだわり、慎重さと懐疑心を持って、ギャンブルを研究した。パリから家に戻るときはいつも、パリに到着したときよりも金持ちになっていて、ときにはかなり儲けたようだった。成人してから、彼が受けた唯一の目に見える援助は父親からのわずかな遺産だけだったが、デカルトは亡くなったときにはかなり裕福な暮らしぶりだった。

さまざまな状況のなかでデカルトが繰り返し言ったのは、ギャンブルに勝つ秘訣は、自分自身で納得するまで他人の意見を無視する、ということだ。自称専門家が主張する真実を疑い、大多数の意見を退けること。「たとえ識者と呼ばれるような人物が主張した真実であっても、別の誰かが反対のことを主張しなかったものはほとんどない」と彼は書いた。「難しい問題に関しては、票を数えることは有効ではない。真実は、多くの人によってよりも、数少ない人によって発見されてきた」

デカルトがパリにギャンブルに出かけ、金持ちになって戻って来たのは、おそらく、この傲慢で孤立した世界観のためであろう。あなたが投機家として成功したいのであれば、この難解で、洞察力のある男の言葉を聞くのも悪くない。

われわれは、現代の民主的な時代の民主主義国家において、大多数の意見を無批判で受け入れがちである。多くの人が「そうだ」と言うと、「そうか、わかった」と納得してしまう。人の思考は流されるものだ。もし、よくわからない問題があれば、投票を行なえばよい。多数決が正しいということは、小学校でわれわれの頭の中に叩き込まれる。とくに、公的な問題を人気投票で決定してきた歴史を持つフランスやイギリス、米国などの西側の国々では、多数決はほとんど宗教である。人々のうち七五パーセントが信じていれば、質問をすることや、「ちょっと待って。間違っていないか?」と囁くことさえも、ほとんど冒瀆《ぼうとく》に近い。

デカルトに学ぼう。彼ならそうしたはずだ。

米国では、国民は選挙によって統治者を決める。それが唯一の良識ある方法である。少なくとも、誰もが黙って受け入れる唯一の方法である。学校教育でわれわれは、大多数の意思を受け入れるように訓練される。もちろん、不満を言うこともある。自分が推す候補者が負けると文句を言ったり苛立つ人がいる。しかし、そうした不平不満の騒音に混じって、民主主義を唱える声が聞こえてくる。「われわれは話し合った。ごまかすことはできない。皆が望むことならば、正しいに違いない」

大多数の意見を謙虚に受け入れるという姿勢は、資産運用にも影響する。われわれは、エコノミスト、銀行家、証券会社、アドバイザーなどの専門家だけでなく、多数派にも聞く。このことは高くつくかもしれない。デカルトが言ったように、真実は多くの人によってではなく、少ない人によって見い出されてきたからだ。

多くの人は正しいかもしれないが、そうではない可能性も高い。多数派の主張が真実であると推測する習慣から抜け出さなければならない。「高い財政赤字はアメリカを破滅させる」と、ほとんど誰もが言う。そうだろうか。そうかもしれないし、そうでないかもしれない。答えは自分で導くのだ。自分の結論を出すのだ。「この先、金利とインフレ率は上昇するだろう」。そうだろうか。それを鵜呑みにしてはいけない。吟味すべきだ。多数派に振り回されてはいけない。

多くの公理を勉強するなかで、われわれは、大多数の主張をいくつも検証してきた。手の中の鳥一羽は、藪の中の二羽に値する。分散されたポートフォリオを構築しろ。失っても大丈夫な金額だけ賭けろ。そのほかにもいろいろあった。賢い助言であると思われるこれらの意見は、人々の意識に埋め込まれている。こうした苔生《こけむ》した呪文の威力を試してみたければ、カクテルパーティーやコーヒーブレイクのテーブルで、ちょっと口に出してみればいい。声の届くところにいる誰もが物知り顔でうなずくはずだ。「まったくその通り。すばらしいアドバイスだ！」

ほとんどの人は故事や格言は議論の余地がない真実だと信じている。だからこそ、大多数は金持ちではないのだと指摘することが有益なのかもしれない。

副公理 XIV

投機の流行を追うな。往々にして、何かを買う最高のときは、誰もそれを望まないときである。

大多数の意見の圧力は、何に投資するか、いつ投資するかを決めるときには、とくにやっかいだ。多くの投機家が、賢い投機家でさえ、押し流され、損をしてしまうことがある。

株式市場を例にとってみよう。株式を買う最高のタイミングはいつだろうか。もちろん、株価が安いときである。そして、株式を売る最適のときは、当然、株価が高いときである。子供たちは七年生の経済の授業でこれを学ぶ。たとえ誰にも教わらなくても、彼らは自分自身でその答えを出すだろう。

彼らが大人になるまで学ばないのは、この一見シンプルな公式を行動に当てはめるのが驚くほど難しいということである。それは非常に難しい。なぜなら、人気の圧力に反して行動することが求められるからである。

一般的なルールとして、株のように価格が変動する投機対象は、多くの人々が買う価値がないと信じるようになると下落する。より魅力がないと彼らが考えると、株価はより大きく下落する。つまり、七年生が教わらない偉大なパラドックスは、買うべきときは、まさに大多数の人々が「買うな！」と言っているときだ、という事実にある。

売るタイミングは、その正反対である。多くの購入者が強く望んでいるときには、投機対象の価格は上昇する。誰もが「よこせ！」と叫んでいるときには、あなたは、もう一方のカウンターの端に静かに座って、「喜んで！」と言えばいい。

具体的な例を見てみよう。一〇年ほど前、自動車業界は窮地に陥っていた。問題は深刻で、誰もが知っているように、手に負えないものだった。デトロイトすべてが、地獄のように見える将来を食い入るように見つめていた。自動車メーカーや部品メーカーについての倒産の噂があちらこちらで聞かれた。工場は次から次に閉鎖された。何千もの労働者が賃金の小切手を受け取ることなく職場を失った。運転資金の確保に汲々として、あのGMが一九七九年から一九八一年まで株式の配当を半分にし、翌年、フォードはまったく配当を支払わなかった。

デトロイトの労働組合会館からウォール街のクラブやバーに至るまで、大多数の意見は、自動車業界は泥沼にあり、長い間そこから這い上がることはないというものだった。大多数の人は、自動車株を買った人は自分の頭を検査すべきだと言った。望まれない株式は、惨めな安値まで沈んだ。あなたは、一九八一年と一九八二年には、GMの普通株を、過去二〇年以上における安値三四ドルで購入することができた。多くの専門家はさらに下落すると予測した。フォードの株式（一九八三年の三対二分割調整後）は、それらの年には一一ドルで購入できた。

結果的には、大多数の意見を無視した人は誰もが儲けることができた。GM株は、一九八二年の半ばには三四ドル程度だったが、一九八三年には八〇ドルに高騰した。フォード株は一一ドルから四六ドルを上回る水準にまで、四倍以上に跳ね上がった。

業界の低迷は、ほとんどの人が考えていたよりも短いものだった。こうした状況で儲けた投機家は、誰もが言っていたことを無視し、自分自身で物事を考え抜いた人々だった。

＊＊＊

周知のことだが、あなたの周囲の誰もが「ノー！」と叫んでいるときに「イエス！」と言うのは難しい。一部の投機家は、それが最もやっかいな問題の一つだとわかっている。大多数の意見は常に、投機家が正しい行動をとる邪魔をする。

自動車業界が激変する間、それは私の妻にも起こった。彼女の六ヵ月物の譲渡性預金は一九八二年のはじめに満期を迎えた。彼女にフォードについての直観がひらめいた。フォードは、その後、前述のように泥沼にはまった。彼女はフォードの車が好きで、ほかの女性たちがそれを褒めるのを聞いており、デトロイトからの嘆きや歯軋り《はぎし》りは、一部は自己への哀れみとパニックの発作が原因であり、すぐになくなるだろうと信じた。だからこそ、彼女は兄弟にもフォードの株を買うように勧めたのだ。

彼は、彼女の意見を嘲笑した。

彼は、大多数の意見にどっぷり漬っているような男だった。多くの報道やデータも彼の意見を支持していた。新聞の記事、アナリストのレポート、そしてもちろん、安い株価そのものも、すべてが一緒になって「買うな！」という強力なコーラスを奏でていた。

結局、彼女は買わなかった。これは、彼女にしては珍しいことだった。ほとんどの状況において、自分ひとりで考えて、自分で結論を出すことができるのだが、このケースでは、大多数の圧力に抵抗できなかったようだ。

大多数の圧力は、良い直観を押しのけるだけでなく、自分は正しいという確信にさえ疑問を抱かせる。プリンストン大学の心理学部が行なった実験が、このことを裏づけている。

実験は意地の悪いものだったが、驚くほど効果的だった。八人か一〇人が、テーブルのまわりに集められた。テーブルの真ん中に、さまざまな色の鉛筆が半ダース置いてあった。すべての鉛筆は、一本を除き、正確に同じ長さだった。その一本を赤色としよう。その赤は、ほかの鉛筆よりも明らかに短かった。

テーブルの周りの人々は、鉛筆の長さについて投票するように言われる。あらかじめ、一人を除き全員が、目で見たものに反して、明らかに間違った意見を表明する。彼らは、鉛筆はすべて同じ長さだと言う。

もちろん、被験者の一人を除き全員があらかじめ指示を受けていた。全員がサクラだったのだ。目的は、その一人がどう反応するかを見ることだった。

実験時間が三分の一ほど経過すると被験者のモラルは崩壊し始め、大多数の意見に合わせるようになる。

はっきりと証拠が横たわっているのを見ているにもかかわらず、被験者は落ち着きを失くし、ため息をつき、そして結局は「あなたのほうが正しい」と言う。鉛筆は全部同じ長さだと認めることになる。

大多数を相手に議論するのはきわめて困難だ。目の前で確認できる問題について討論するときでも難しい。立証できないものを対象にしている場合はなおさらだ。お金の世界では、ほとんどの問題は後者である。

私が知る限り、多数意見の圧力に耐える精神力を鍛えるためのトレーニングは存在しない。ディナーパーティーの席で私は、わざと自分を少数派に仕立てることがある。「核戦争は、剣で傷つけられるような昔の戦争よりも、恐ろしくないかもしれない」とか、誰かが必ず自分に噛みついてくるような、馬鹿げたことを話してみる。まわりの皆を敵に回して防戦するのは、たいへん刺激的である。もっとも、窮地に陥ったフォード株をもう一度買いたいと思ったときに、それを実行できるほど自分を強くするかどうかはわからない。

おそらく、大多数の圧力からの最適な防衛策は、その存在と威圧的な力を、ただ認識しておくことである。新米の投機家はしばしば、この認識が足りないようだ。その圧力が高まっていることを自覚することなく、大多数の意見によって強引に押し流されてしまう。

あなたは常に、流行に左右される群れの中に新米投機家を見つけるだろう。「今月の注目」が金投資であり、誰もがそれについて話をしていて、すべての金融コラムニストが猛烈に記事を書きまくっていたら、ほとんどの新米投機家はそうした雰囲気にどっぷり浸かり、金を買ってしまうに違いない。それはまた、金の相場が不自然に高くなりそうなときである。しかし、それを人々が理解するまでには時間がかかる。同様に、小型のハイテク株がウォール街で最も注目を浴びていて、その株価がとてつもなく高いときには、これまた新米投機家が大挙して、やがて煙の中に消えてなくなってしまうであろう大金を求めて、行列に加わってまでお金を投じようとするのだ。

新米投機家は、押し流されていると自覚することなく振り回されてしまう。立ち止まって、「私がこの決定を下すのは、それが賢い選択だからか、それとも皆が賢い選択だと言っているからなのか」と自問することはない。デカルトだったら、そう自問するに違いない。彼が金やハイテク株に投資するのであれば、群衆が何をしているか、何と言っているかなど、まるで構わずに、自分自身の理由によってのみ行動するだろう。

群衆の圧力に流されまいと努力したとしても、一方では、あなたの投機的な行動から利益を得ようとしている証券会社からセールスの圧力がかかってくるだろう。金融業界に携わる人々は手数料を求めており、その時々で注目されていて、大衆の幻想をくすぐるような投機対象なら何でも、それがどんなに高値でも、喜んで推奨する。もし、あなたが活発に取引する投機家であれば、常に、人気のある投機対象へお金を入れるように誘う広告やセールストークに攻め立てられることだろう。

業界の人々が、あなたをカモにしたいという悪意を抱いているというのではない。それどころか、彼らは、あなたが金持ちになることを望んでいる。そのほうが、彼らにとって高い手数料を稼ぐチャンスが広がるし、彼らだってわれわれと同様に、人から微笑みかけられることを好むに違いない。だからこそ、セールスマンなら誰もがそうであるように、彼らも、より多くの投資家が望んでいる商品に注目しなければならないのだ。

一般大衆は、ほとんど常に、景気が後退する局面では金を欲しがる。その黄金の金属は、国の経済、通貨、株式市場などといったマネーの構造物がひび割れ、水漏れしてくると、財産の避難先のように感じられる。一九八〇年代はじめのような暗闇の時期には、多くの人々が金に投資するため、金相場は高騰する傾向がある。

前述のように、このようなときこそ、皆と同じ行動をとることに対して最も慎重になるべきである。それは同時に、金を売り込もうとする圧力がピークに達するときでもある。一九八〇年のはじめ、新聞は、金貨や金のメダルの宣伝広告に溢れていた。証券会社は、ホームステーク社などの金鉱株をしつこく売り込んだ。金関連株に特化した投資信託は、目論見書やパンフレットを大量にばらまいた。多くの投資アドバイザーは、金についてのレポートと予想を提供した。あなたが金や貴金属に投資したければ、数あるフリーダイヤルの電話番号の一つを選んで電話をするだけよい。機嫌のよい電話オペレーターが勢揃いして、あなたの注文を待っているはずだ。

一九八三年の終わり頃には、経済状況はバラ色に見えていたが、金の価格は下落した。あなたに金のメダルを売り込もうとする業者さえいなくなってしまうほどに。

＊＊＊

これらは、群衆がしていないことをすべきだということを、ただちに意味するのではない。ただ押し流されるのではなく、群衆の圧力に頑固に抵抗すべきときがあるということだ。どのような状況で抵抗すべきなのかについては、自分で研究し、自分の頭で考えるしかない。時として、群衆は間違うものだが、常に間違うわけではない。もし、あなたが、大多数の意見が正しいと判断するなら、そのときはどんなことがあっても、群衆とともに進むべきだ。大切なことは、群衆とともに賭けようが、その反対に賭けようが、まず一人で十分に考えることである。

常に大多数とは反対に賭けることを教義とする投機家もいる。彼らは、自分たちをコントラリアン・シンカー（反対に考える人）あるいは逆張り投資家と呼ぶ。彼らの哲学は、何かを買う最高のタイミングは最も魅力がないように見えるときであるという、すでに見てきたパラドックスに由来している。彼らは、景気後退の真っ暗な穴のなかで株式を執拗に買い増したり、最も景気の良いときに金を買ったり、誰もがそれを冷凍庫のラップ代わりに使っているときに絵画を買ったりする。

逆張り投資家の問題は、アイデア自体は悪くないのだが、そのアイデアを壮大な秩序の幻想にまで高めてしまうことである。何かを買う最適なときは誰もそれを望んでいないときであるという考え方は正しいかもしれない。しかし、ただそれだけの理由で何も考えずに買うのは、群衆とともに何も考えずに賭けることと同じくらい馬鹿げている。

群衆は常に間違っているわけではない。もし、トラッシュウォーシーの絵画の市場価値が一ヤード四方あたり一〇セント下落したら、買う好機かもしれない。しかし、群衆がこのべとべとした油絵に寄りつかないのは、おそらく正しいのだろう。魚を包む以外に何の役にもたたないだろうから。

一〇年ほど前にはほとんど誰もクライスラー株に寄りつかなかったが、私はそれは正しいことだったと考えている。当時はGMやフォードの株式に投資することには相当なリスクがあったのだから、クライスラーの株を買うことも同じように狂ったギャンブルだっただろう。同社は棺桶に片足を突っ込んでいた。激しい批判を浴びた政府からの借入れによって、なんとか生き長らえることはできたが、同社の長期的な見通しは暗かった。その望まれない株式は、一九八〇年から一九八二年のほとんどの間、一株三ドルか四ドルで買うことができた。群衆は、クライスラー株にまったく乗り気でなく、会社が復活するチャンスはとんでもなく小さいという客観的な現実を受け入れていた。クライスラーは末期の重症患者のように見えた。

結果的には、後悔先に立たずで、群衆の判断は悲観的すぎたことになる。あらゆる予想を覆して、クライスラーは闘い、健康を取り戻した。株価は、一九八三年の終わりまでに三五ドルを超えた。その一年半前にクライスラー株を安値で買っていれば、お金を一〇倍にすることができた。

それでも、一九八一年当時の客観的な見方では、クライスラー株は当分の間上がりそうにかったという事実に変わりはない。大多数の投機家は、クライスラー株を遠ざけ、完璧に道理にかなった行動をとっていた。このケースは、大多数の意見に反して、むやみに逆張りするような賭けがどれだけ無鉄砲なものかを示すものである。

副公理Ⅰは「いつも意味のある勝負に出ること」と説いたが、この教えの例外と思えるケースがここにある。一九八二年半ばまでにクライスラー株を買うことは、宝くじを買ったり、トランプに賭けるようなものだった。オッズはあなたにとって一〇〇万対一で、不利であることを覚悟で、楽しみのためだけに数ドル賭けるのと同じだ。もし、議会が一九八一年に、すべての納税者にクライスラー株を購入することを義務づける法律を通過させたなら、私も一株買ったであろう。

いや、もしかしたら一〇〇株買ったかもしれない。一年半でお金を一〇倍にすることを夢見るのは、実に楽しいことだ。

第十の公理は、大多数は常に間違っているというわけではないが、正しいことより間違っていることのほうが多いと教えている。何も考えずに大多数に同意して、あるいはそれに反して賭けてはならない。とくに前者を避けよ。お金をリスクにさらす前に、自分自身であらゆることをよく考えるべきだ。

あなたにとって最強の圧力であり、もっとも頻繁に感じられる圧力は、大多数とともに賭けさせようとする圧力である。群衆とともに行動する投機は、本質的に値段が高いときに買い、値段が安いときに売る傾向を持つので、非常に高いものについてしまうと、公理は警告している。これらの圧力に対する最善の策は、その存在と油断のならない力を、鋭敏に認識することである。

The Eleventh Major Axiom
Stubbornness

第十一の公理
執着について

もし最初にうまくいかなければ、忘れろ。

執着は楽観主義に似ている。それは、常に好評を得てきた。「最初にうまくできなくても、何度も何度もやってみろ」と言ったのは、古《いにしえ》のイングランド国王だった。蜘蛛が巣を作る際に、最初のところで何度も失敗するのを見ながら、この言葉を残したとされている。確かに、蜘蛛にとってはよい助言だろう。だが、国王はたいてい生まれながらに金持ちだ。あなたや私のように、一ドルを稼ぐのに奮闘している普通の国民は、そのまま鵜呑みにするわけにはいかない。

執着は人生のさまざまな場面で役に立つ。たとえば、長い列に並んで待たされる免許証の書き換えにも必要である。しかし投機においては、それが役に立つこともあるが、時には破滅に導くこともある。

どのように？　メリルリンチ証券の営業担当者が典型的な例を話してくれた。

ここ数年間、シアーズ・ローバック株を保有しているある女性顧客を担当していたと、彼は言った。彼女は、破産するリスクがあったとしても、その株でお金を儲ける決心をしていた。結果的に、彼女はほとんど破産寸前まで追い込まれることになった。

彼女は、シカゴ大学で事務の仕事に就いていたときに、シアーズ株に目をつけた。シカゴに本社を置くこの会社は、いつも大学に寛大だった。すばらしい贈り物の一つは、シアーズが保有していた出版社、エンサイクロペディア・ブリタニカ社だった。一九四三年以降、さまざまな所有権や著作権に対する支払いによって、大学の枯渇した金庫に相当な収入をもたらした。

そのことを知ったとき、その女性は同社に魅力を感じた。彼女は学生時代、いつか投資家になることがあれば、社会的貢献に熱心な会社にだけ投資しようと決めていた。その彼女がいま、四〇歳に近づきつつあり、ついに、投資するためのわずかな余裕資金を持つようになって、シアーズ株を買うことを決断した。

自分が金儲けのために市場にいることさえ忘れなければ、彼女のような方針で投資先を選択することは何も間違っていない。仮に、あなたの社会的あるいは政治的な理由で、特定の投資先を拒否するとしても、それはあなたの選択の幅を狭めるだけの話で、必ずしも悪いとは言えない。物事がうまくいっていれば、シアーズのように良い企業市民であろうと務めると同時に、多くの利益を上げている企業も多く存在する。

その女性は最初に、シアーズの株式を少しだけ購入した。残念ながら、シアーズ株は彼女の温かい感情に報いなかった。誰も、はっきりとした理由を見い出せなかったが、顧客たちはその後一年の間、シアーズの店から遠ざかり、同社のテレフォンショッピングも利用しなかった。シアーズを含め、大手小売会社の株価は軒並み急落した。

第三の公理に従って、彼女は株を売却し、一五～二〇パーセント程度の損失を受け入れた。株価は下落し続けた。彼女は、お金を銀行に預けた。

株価は、一年間、横ばいを続けた。それから、誰もが驚いたが、突然高騰した。女性が売却した水準を超え、まだ上昇した。

彼女は当惑し、怒りを感じた。株価が上昇すればするほど、怒りは強まった。置き去りにされたような寂しさを感じた。それは深刻なものだった。どうして、株は彼女から走り去ってしまったのか。

シアーズ株に貸しがある、と彼女は感じた。何がなんでも、その株から儲けを絞り出そうと決心した。

とらわれすぎていた。彼女は証券会社に電話して、シアーズ株を買い戻したいと言った。担当者は反対した。株価が高すぎると感じていたのだ。株式の利回り（株価に対する年間配当の割合）は四パーセントを下回っており、シアーズ株の利回りとしてはかつてないほど低かった。けれども、彼女は頑なに主張した。彼女はシアーズの株を取り戻し、貸しを返してもらいたかったのだ。

しかし、そうはならなかった。株価は再び急落した。

そして、何年も経過した。一つの投資対象から利益を絞り出すという執着が、もっと利益を得られたかもしれない別の投資先に対して、彼女を盲目にした。それでも彼女は、シアーズ株をチェイスした（追っかけた）。投機家は一つの株式にこだわることを「チェイス」と呼ぶのだ。彼女は、強気相場の高値でチェイスし、弱気相場の深みにはまった。執念が彼女の判断を誤らせ、視界を曇らせたために、ほとんど常に損をした。

しかし、ついに一九八二年の終わりに、シアーズ株は勝利のパフォーマンスを示した。彼女は初めて、シアーズ株を持っていたことの満足感を得た。それが、彼女から病的な執着を取り除いたようだった。シアーズの株はついに借りを返したのだと、彼女は思った。

本当にそうだろうか。彼女がシアーズ株を追いかけていた何年もの間に、同じように情熱的にほかの対象にも投資することができたはずだ。もっと良い投資先が彼女を金持ちにしていたかもしれない。シアーズ株を追っかけることによって、彼女はスタート時点に比べてわずかにお金を増やしただけだ。むしろ、投資を中断するのを拒否したことで、大きな機会損失をこうむっていたことが何度もあった。まったくの幸運によってのみ、彼女は少しばかりの利益を得ることができたにすぎない。

これが投機の正しい方法だろうか？　まったく違う。けれども、この行動は新米の投機家にとっては典型的なものだ。より経験豊かな投機家でさえ、時として、強情さから一つの投資対象を追いかけることがあり、どんな犠牲を払ってでも、そこから利益を絞り出そうとむきになることがある。驚いたことに、父フランク・ヘンリーでさえ、ほかにもっと良い投資先があったにもかかわらず、ニュージャージー州モリスタウン周辺の不動産を執拗に買っていたことがあった。結局、彼はその一連の不動産投資で損をした。もしも、そのまま売却せずにいたら、窮地に陥っていただろう。

私もＩＢＭの株式で一度だけ同じような経験をした。まだ完全には、そのダメージから立ち直っていない。その忌まわしい銘柄には貸しがあると感じている。もう売買することはないが、時にはＩＢＭ株のプット・オプションやコール・オプションを買うことを想像し、それが私に相談なしに上昇すると苛立つのだ。

きわめて人間的で、くだらない感情だ。どうやったら株券が、あなたに借りを作るというのだ。あなたなら、人に貸しを作ることができるだろう。もし、その人がお金を返済しなければ、あなたはお金を返すように催促ができるし、もし無責任な行動が続けば怒る権利がある。しかし、あなたが、貴金属や美術品で損をしたのであれば、「貸し借り」という考えによって投資対象を擬人化することは非論理的である。それは非論理的であるだけでなく、余計にお金がかかるようなチェイスに、あなたを駆り立てるかもしれない。

たとえば、あなたがシアーズ株で損をしたとしよう。もちろん、あなたはお金を取り戻したい。しかし、なぜシアーズ株から取り戻さなければならないのだろう。

利益は、それがシアーズ株からもたらされようが、ほかの投資先からもたらされようが、同じである。どこで儲けようと、お金には違いない。すばらしい可能性を持つ、あらゆる投資先を選択できるのに、自分が損をしたたった一つの投資対象に執着する意味はあるのだろうか。冷静に考えればもっと有望に思える投資先があるときに、なぜシアーズ株にこだわるのか。

執着の理由は感情的なものなので、解決するのは容易ではない。貸しがあるという考えは、前述のように、投資対象の擬人化からくる。「この株が、私からお金を奪ったんだ。だから、絶対に、貸しを取り戻すまで追っかけてやる！」。これと似ているのが、報復の感情である。「笑いものにしやがって！ あの株に思い知らせてやる！」

すでにいくつかの公理で見たように、人間には、自分の判断の正しさを立証したいという希望がある。「結局、私は正しかった！」

これらの感情が一緒に煮えくり返って、投機家の思考を狂わせる。

こうした感情の混乱を乗り越えるのは、投機家にとっては多くの精神修養と同じように難しいことだが、やり遂げなければならない。本書はカウンセリングの本ではないし、私は精神科医ではないが、もしもあなたが、損を抱えている投資にこだわりたいという衝動を乗り越えることができないのであれば、友人や伴侶、あるいはバーテンダーと話すことが助けになるかもしれない。いい映画やコンサートに出かけて、束の間でも問題を忘れることができれば、頭がすっきりするかもしれない。私にとっては、四マイルの散歩は驚くほどの効果をもたらす。われわれには皆、自分なりの、救いの方法があるものだ。

執着が、あなたに道を踏みはずさせようとするときには、こだわりたいという希望を打ち負かさなければならない。前述の国王の格言は、投機に応用するためには、かなり修正する必要がある。最初にうまくいかなかったら、やめてしまっても構わない、と。

副公理 XV

難平買いで悪い投資を何とかしようとするな。

難平買《なんぴんが》いや、ドルコスト平均法として知られるテクニックは、投資の世界において最も魅惑的な罠の一つである。ラスベガスやアトランティックシティで言い触らされる、ルーレットに勝つための安全装置、必勝法、二重保証システムのようなものだ。そのようなシステムは、一見しただけでは疑う余地のないほど論理的に思える。「これなら、うまくいくかもしれない」

と感心してしまう。難平買いのテクニックは、ルーレットの必勝法のように、プレーヤーに幸運があれば時々うまくいく。そして、魅力を増すことになる。しかし、注意しなければならない。それは、毒のある棘を持つバラなのだ。

難平買いについて、具体的に考えてみよう。あなたは、ホー・ボーイ・コンピュータ株を一株一〇〇ドルで一〇〇株購入する。代金は一万ドルである（単純にするために、証券会社への手数料は無視する）。状況が悪い方向に進み、株価は五〇ドルに下落する。あなたは、投資資金の半分を失ったようだ。「あぁ……」あなたは嘆く。しかし、ちょっと待て！まだ破滅したわけではない。あなたの友人のナムスリー・スカルボーン（馬鹿な頭蓋骨）氏は、一度も投機をしたことがないのだが、あらゆる投資格言を暗記しているような人物で、あなたに難平買いで状況を改善するように助言する。

スカルボーン氏は、新しいバーゲン価格の五〇ドルで、同じ株を一〇〇株追加購入すればいいと言う。あなたの持ち株は二〇〇株になる。投資総額は一万五〇〇〇ドルだ。あなたの平均購入コストは一〇〇ドルから七五ドルに低下する。

手品だ！スカルボーン氏の助言によって、あなたは悪い状況を改善できる。新しいお金を投入することによって、前の投資をより賢く見せることができるのだ。

この方法で平均コストを低下させれば、損益ゼロになるまでに時間はかからないだろうと、スカルボーン氏は言う。株価が一〇〇ドルになるまで待たなくてもよい。いまや、あなたが待たなければならないのは、七五ドルなのだ。実に美しい。

本当にそうだろうか?

そんなことはない。難平買いは、自分自身を騙すことである。どんなにもがいて逃げようとしたり、身をくねらせて問題を回避しようとしても、あなたが最初の一〇〇株について一株一〇〇ドルを支払ったという事実は変わらない。追加で一〇〇株を五〇ドルで購入しても、この事実は変わらないのだ。新しい平均コストの七五ドルについて話すことは、しばらくの間、あなたの気分をよくするかもしれないが、あなたの運用資産には何のプラスにもならない。

誤った行動は、あなたの運用状況をいっそう悪化させる。ホー・ボーイ・コンピュータの株価は一〇〇ドルから五〇ドルに下落した。市場が同社の業績見通しを嫌気したのには理由があったのだろう。その理由を突きとめなければならない。それは根拠のあるものかもしれない。ホー・ボーイ・コンピュータの業績は今後何年にもわたって低迷するかもしれない。同社の株からは当分の間、離れていたほうが無難なのかもしれない。もしそうであれば、いったい誰が買うというのだ。

難平買いをしたくなった場合には、次のように自問すべきだ。「一〇〇ドルで買ったホー・ボーイ株を、もし持っていなかったとしたら、その株をいま五〇ドルで買うだろうか。純粋なメリットだけを考慮して投資するとしたら、果たしてホー・ボーイ株を選択するだろうか?」。もし、答えがノーであれば、新しい資金を、うまくいってない投機につぎ込んではいけない。

その答えがイエスだと、あなたは考えるかもしれない。第十の公理が説くように、大多数に反して投資することは、しばしば利益をもたらす。あなたの独自の計算は、ほとんどの人が懸念するほどホー・ボーイ社の問題は長期化せず、そのため、現在の五〇ドルという株価水準は割安であり、投資の好機であると示唆するかもしれない。それも、ありえないことではない。

しかし、そうした計算が、単に希望的観測にならないように注意しなければならない。お買い得品を探しているのなら、株式市場にも、そのほかの投資先にも、いくらでもあるはずだ。ホー・ボーイ株に、第二ラウンドの五〇〇〇ドルをつぎ込むのであれば、次のように自問すべきだ。「なぜこの投資先を選ぶのか。割安な株はほかにもたくさんあるはずだ。この投資は本当に自分にとって最も有望なのだろうか。それとも、難平買いをすることによって、ただ単に自分を気分よくさせようとしているのか？」

執着することが常にそうであるように、難平買いはあなたの判断を曇らせる。スープの中からホー・ボーイ株へ投じたお金を引き上げたいばかりに、あまたある有望な投機先を除外してまで、ホー・ボーイ株にこだわってしまうのだ。

あなたがホー・ボーイ株での損を取り戻したいことはわかる。しかし、シアーズ株の例でも指摘したように、なぜ、ホー・ボーイ株から利益がもたらされなければならないのだろうか。どこから利益がもたらされようとも、それが同じお金であることに違いはない。ホー・ボーイ株への執着を捨てて、選択の幅を大きく広げ、利益が得られる機会を増やすべきだ。

＊＊＊

難平買いは、希望について説いている第三の公理「船が沈み始めたら祈るな。飛び込め」を無視することにもなる。

すでに学んだように、小さな損失をただちに受け入れることは決して容易ではなく、ときとして苦しいものである。人は、それをしないですむ言い訳を見つけようとする。なかでも飛び切りすばらしい言い訳は、難平買いによって事態を好転させるという考えである。「いま売る必要はない。何もしなくてもよいのだ。さらに下落したら、もっと株を買い増して、平均コストを下げればいい……」

水は、すぐそばまで迫っているのに、あなたは勇敢にも動くことを拒否して、沈みつつある船のデッキに座っている。道理にかなっているだろうか？　いいや。でもあなたは、何もしない口実が欲しいのだ。そして、難平買いをすれば、口実を得ることができる。恐怖に駆られたときには、それが論理的であるかどうか、自分の言い訳を検討することなど、人にはできないものだ。

フランク・ヘンリーは、投機が失敗しているのに幸せを感じることができる男を知っていた。彼は、何かを買って価格が下落したら、それを買い増して平均コストを低下させる。価格が下落すればするほど、もっと購入して平均コストをさらに下げる。彼はさらに幸せな気分になる。

心理的なトリックにすぎないのだが、彼はそれで満足していた。しかし、彼は金持ちにはなれなかった。何度も難平買いをして、自分が賢いと信じながら、何年もの間、悪い投資に捕まったままだった。

●投機戦略

さて、第十一の公理を簡単に振り返ってみよう。お金をどうしろと、あなたに助言しただろうか。

執着は、蜘蛛や王にとってはすばらしいアイデアだが、投機家にとっては、常にそうであるとは限らないということだ。確かに、あなたが学んだり、向上したり、金持ちになるために、一つのことにこだわるのは重要かもしれない。しかし、一つの投機対象から利益を絞り出そうとして、執着の罠に陥ってはいけない。

こだわりの気持ちを持って投資を追いかけてはいけない。ある投資先に貸しがあるという考えは捨てるべきだ。難平買いは悪い状況を改善できるように思えるという魅力を持っているが、そうした誤った考えを信じてはいけない。

純粋に、その投資からの利益のためだけに投資先を選択するという自由を重視すべきだ。うまくいっていない投資先に執着することで、その自由を手放してはならない。

The Twelfth Major Axiom
On Planning

第十二の公理
計画について

長期計画は、
将来を管理できるという危険な確信を引き起こす。
決して重きを置かないことが重要だ。

ジョージとマーシャは出会い、一九四〇年代に結婚した。ジョージは会計士だった。小さな会計事務所で働いていた。マーシャは保険代理店の秘書だった。当時の慣習通りに、彼女は家事と母親業に専念するため、結婚後すぐに仕事を辞めた。ジョージの給料はたいしたことはなかったが安定しており、彼もまた穏やかな性格だった。世界は、安全で心地よいものに思えた。もっと安心するために、小さな会社を経営していたマーシャの父親の提案によって、若い夫婦は投資アドバイザーに相談して長期計画を立てた。
賢明で、分別があり、称賛に値することに思えた。いまでもそうだ。たいていの投資アドバイザーは、若い夫婦は計画を立てるべきだと言うだろう。計画のある人々と、そうでない人々は、イソップ物語の蟻とキリギリスのように、異なる人生を歩むという。頑固で現実的な蟻は冬に備えて夏の間中働き、計画性のないキリギリスは太陽の下で歌を歌いながら夏を過ごす。もちろん最後には、哀れな年老いたキリギリスが、手に帽子を持って、蟻に食べ物を乞い、蟻は「ほら見ろ。言わないことではない」とキリギリスを蔑んで満足感を得るのだ。

けれども、実際の人生では、巣からいぶり出されたり、ブルドーザーで破壊されたりして、ひどい目に遭うのは蟻のほうである。それは、一つの場所に根を下ろすことから来るものであり（第六の公理を参照）、一部は長期計画から来る。フットワークの軽いキリギリスは、ただ、ブルドーザーをよければいいのだ。

ジョージとマーシャはいまでは六〇代になり、隠居しているが、破産に近い状態にある。長生きすれば、完全に破産して無一文になり、慈善事業に頼らなければならないだろう。彼らの長期計画のどんな要素も、予想したような結果をもたらさなかったのだ。

一九四〇年代に、彼らは、退職後は年金と社会保障で月に七〇〇ドル、年間にして八四〇〇ドルを手にすることができると試算した。当時としては、非常によい所得だと思われた。所得に関するアンケート調査では通常、一番上の階層は「七五〇〇ドル以上」というものだった。

それが富裕層のトップだった。誰も、それ以上稼ぐ人を知らなかった。

今日の月七〇〇ドルは、食べないですむのなら、小さなアパートを借りることができる金額にすぎない。食事代、薬代、洋服代、そのほかの生活必需品が欲しいのであれば、苦境に陥る。ジョージとマーシャの長期計画には、老後のための小さな家を買うことが含まれていた。彼らは、それを現金で支払おうと考えていた。そうすれば、住宅ローンの毎月の返済を心配する必要がないからである。そのために、計画では六五歳までに二万ドルを貯めることが必要だった。

もし、あなたが一九四〇年代に二万ドルを持っていたら、家を二軒買って、車を買う余裕があった。しかしその計画は、当時は大金に思えた二万ドルでは、一九八〇年代には犬小屋さえも買えないことを予想していなかった。

ジョージとマーシャは、いずれにせよ二万ドルを持つことはなかった。貧しくなる過程で、誰もがそうであるように、予想外の費用と不幸に見舞われた。

一九六〇年代に、ジョージの雇用主は、虚偽の財務報告に関する泥沼の争議に巻き込まれ、会計事務所は倒産してしまった。ジョージは職を失い、年金計画も消え去った。彼は長い求職活動の末に新たな仕事を見つけたが、退職年金が計画通りに月七〇〇ドルに達することはなかった。退職後、彼らは貯蓄を切り崩さなければならなかった。彼らの貯蓄は予想していた金利（一九四〇年代には二～三パーセントが普通だった）の三倍を稼いだが、元本は急速に先細りしていった。

彼らはみすぼらしい小さなアパートに住み、缶詰の豆ばかりを食べ、何が起こったのかをあれこれ考えながら多くの時間を過ごした。

二つのことが起こったのだ。計画と、それに続く予想外の出来事である。

ジョージとマーシャは計画に依存しすぎていた。彼らは、計画に根を下ろした。ジョージの平凡なキャリアのなかでも、別の有望な方向に飛び込む機会は何度かあった。たとえば、彼は友人とともに事業を起こすことができた。友人は、独立して会計事務所を始めたかった。その友人も、会計事務所も、いまでは繁盛している。しかし、その機会がジョージに提案されたとき、彼は躊躇した。リスクがありすぎると思ったのだ。彼とマーシャは、自分たちの計画の心地よさに逃げ込んだ。リスクをとる必要はないと考えた。彼らは人生すべてを計算していた。計画は、彼らに素敵な小さな家と老後の快適な所得を保証していた。一羽の鳥を手中にしているのに、どうして、藪の中にいる二羽の鳥が必要となろうか。

こうして彼らは、長期計画によって、自分たち自身を欺くことになった。手に入れたと思った鳥が飛び去ってしまうということが、彼らには思い浮かばなかったのだ。

＊＊＊

公理が説くように、長期計画は、将来を管理できるという確信を引き起こす。これは、身の毛がよだつほど危険な確信である。

私は、来週の様子をおぼろげに見通すことができる。出来事に継続性があることで、かろうじて私はそうすることができる。水曜日にここに座って、おそらく来週の水曜日までの、大まかなマネー計画を立てることはできる。誤差を見込んだうえで、私は、妻と私の株式、不動産、銀行口座、銀、そのほかの資産の来週の価値について、かなり信頼できる予測をたてることができる。こうした計画や予測でさえ、もちろん、途方もなく間違う可能性がある。来週の水曜日が来る前に株式市場が崩壊するかもしれない。私は、車で誰かの爪先を引いてしまい、裁判で全財産を失うかもしれない。それでも、今後七日間を計画するのは心地よいものである。正確に見通すことはできないにしろ、だいたいは実現するものだ。

一ヵ月先となると、視界は相当に悪くなる。一年先となると、霧でほとんど見えない。一〇年先、二〇年先、それほど先となると、まったく見えない。おぼろげな形やアウトラインを描くこともできない。何も見えない。真夜中に濃霧の中にいるようなものだ。そこでわれわれを待ち受けているものを、まったく知ることはできない。

もし、何のために計画しているのかがわからなければ、どうやって意味のある計画を立てることができるだろう。

見ることができない将来を計画することは、とてつもなく愚かなように思える。それでも、生命保険の営業マンや投資アドバイザーなどの専門家は、計画するよう急きたて、家族、とくに若い家族はそれに従う。長期計画があることは、ジョージとマーシャが始めたときにそうだったように、今日でも、称賛に値することのように感じられる。それはあなたにとっても、ほとんど同じくらい心地よい感覚をもたらすだろう。

　計画は、一生の秩序の幻想である。エコノミストや投資アドバイザーなど、二〇年計画を売る人は誰もが、お金の世界は、木が育つようにとてもゆっくりと予想通りに変化する、秩序ある場所であるかのように話をする。来世紀を覗き見ながら、彼らは、お金の世界が基本的に現在のようなものか、それ以上のものだろうと考えている。より大きく、より自動化され、もっとこうで、もっとああだろう、と。彼らは、今日の世界のトレンドを観察し、その傾向を将来に拡張することによって、安心を与えるような結論に達する。すべて整然としていて、たくさんの長期計画をでっち上げてしまうのだ。

　希望に溢れた計画者たちが認識できないこと、あるいは、あえて無視していることがある。それは、お金の世界は限定された意味でのみ木の成長に似ているということである。今日の傾向を延長すれば将来が見えると考えるのは、とんでもないことだ。これらの傾向のいくつかは、次の二〇年の間には疑いなく、消滅するか、あるいは反転する。誰も、どうなるかはわからない。まったく新しい傾向が現れるだろうし、夢にも思わなかった現象が起こるかもしれない。知ることができない出来事は、突然起こる。好況や恐慌、激変、戦争、破壊、崩壊など、われわれの前に何があるのかは誰にもわからない。

いまから二〇年後にあなたの資産が存在する世界は、カーテンの向こう側に隠されていて、明かりはまったく漏れてこない。お金の世界、あるいはドル、あるいはお金を使うための何かが存在しているかどうかさえあなたは知ることはできない。

だから、長期計画を立てようとしてはいけない。あるいは、あなたのための長期計画を他人に立てさせる必要などない。長期計画は、あなたの邪魔をするだけだろう。その代わり、あのキリギリスのようにフットワークを軽くしておくべきだ。将来の、知ることができない出来事に対処するために、自分の問題を整理しようとするのではなく、出来事が実際に姿を現したときに対処するのだ。チャンスが見えたら、それに向かって進むのだ。危険が見えたら、逃げればいい。

お金に関する限り、あなたが必要な唯一の長期計画は、金持ちになろうとする意志だけだ。どうやってその目的を達成するかは、一般的なことくらいしか正確には知ることはできない。私は株式市場が好きだから、いつも、限界までそれに投資している。だから、私の個人的な「どうやって」は、株の投機に関するものだと思う。

けれども、これが自分のお金の将来について知っていることのすべてであり、私が知ろうと試みるすべてである。来世紀のために私ができる唯一の準備と言えるようなものは、株式市場の勉強を続けることである。学ぶことと改善することを続けることだけである。こんな曖昧なものを計画と呼べるのであれば、そう、これが私の計画だ。

あなたの計画も誰かに縛られるべきものではない。あなたにとって魅力ある種類の投機について、できるだけ学ぶべきだ。しかし、確実性にとらわれ、可能性を見失ってはいけない。つまり、あなたの投機対象や、それに影響を与える環境は、現時点では想像できない方向に変化している。計画に手足を絡めとられてはいけない。立ち往生せず、運命というブルドーザーの犠牲になってしまうかもしれない蟻のように、根を下ろしてはいけない。

副公理XVI
長期投資を避けよ。

フランク・ヘンリーの母校のようなスイス・バンク・コーポレーションの重役が、ポウラ・Wという長期投資家の話を聞かせてくれた。自らをブルドーザーの犠牲者にしてしまった悲しい事例だ。

彼女は成人すると、フォード・モーターで生産ラインの労働者として働き始めた。会社は従業員教育や自己改善プログラムに積極的だったので、彼女はそれを利用してマネジャーにまで昇進した。その過程で彼女はフォードの普通株を数千株積み立てた。夫は、彼女が五〇代半ばのときに亡くなり、デトロイト郊外の大きな家とフロリダの別荘を遺したが、彼女はもう、どちらも保有し続けるつもりはなかった。売却したお金で、フォードを早期退職して、すべてのお金をフォード株につぎ込み、その配当で老後を幸せに暮らすことを決心した。

一九七〇年代後半のことだった。フォードは当時、一株当たり二ドル六〇セントの配当を支払っていた。それまでに積み立てていた株数に、新たに購入した株を合わせると、彼女は二万株程度を保有していた。年間の配当は、五万二〇〇〇ドルほどだった。この所得はすべて課税対象だった（われわれの親切な個人退職勘定が認める、決して気前がいいとは言えない一〇〇〇ドルの控除を除いては）。それでも、彼女のわずかばかりの早期退職年金で補うことで、ポウラの老後は安定し、心地よいものだった。

証券会社の女性担当者は、自動車業界に問題が起ころうとしていることを、ポウラに一度か二度電話で警告した。株価が下落する前にフォードを売却したほうがよいかもしれないと提案した。そして、配当所得だけに関心があるのなら、公益事業会社の株を買うことを検討すべきだと。公益事業会社は伝統的に、利益の大きな割合を配当として支払う。株価はあまり動かない傾向にあるが、配当利回りは通常九～一五パーセント程度で、ほかの会社の配当利回りに比べて二倍から三倍高い。

しかし、ポウラはノーと言った。彼女は、フォード株を手放したくなかった。会社のことはよく知っていたし、会社を信頼しており、同社株を保有していることが心地よいと感じていた。株価が下落する可能性についても彼女はまったく気にしないと言った。なぜなら、長期投資をしているからだ。当分の間は、株を売却するつもりはなかった。だから、新聞で株価を調べることさえ、年に一度もなかった。八分の一上昇、八分の一下落――そんな苛立たしい情報が必要だろうか。そんなことは、彼女にとってどうでもよかった。彼女が株式に望んだものは、四半期ごとに送られてくる分厚い配当の小切手だけだった。彼女は証券会社に、株式を金庫にしまって忘れてしまいたいと言った。

ところが、フォードは一九八〇年に、年間配当を一株当たり二ドル六〇セントから一ドル七三セントに引き下げた。ポウラの所得は三万四六〇〇ドルに減少した。

すでに述べたように、自動車業界の問題は一九八〇年に深刻化した。フォードを含めて、すべての大手自動車メーカーの株価は下落していた。ポウラは、ずっと前に売却すべきだったのだが、すでに根を下ろしてしまっていたのだ。

一九八一年、フォードはさらに、配当を八〇セントに引き下げた。ポウラの所得は一万六〇〇〇ドルに減少してしまった。

一九八二年、フォードは配当をまったく支払わなかった。ポウラは、いまとなっては必死だった。生活費を借金に頼らなければやっていけない状況になり、積み上がった債務を返済するために、この荒涼とした年に四〇〇〇株を売却しなければならなかった。もちろん、株価はぞっとするほど安かった。自分が購入したよりずっと安い株価で、それらを売却せざるをえなかった。

一九八三年、フォードは苦境から抜け出そうと必死になっていた。取締役たちは五〇セントの配当を支払うと宣言していた。この年のはじめ、ポウラの手元には一万六〇〇〇株しか残っていなかった。そして、その年、彼女はさらに二〇〇〇株を売却しなければならなかった。彼女の一九八三年の配当所得は約七〇〇〇ドルだった。

一九八四年、状況は少し明るく見えた。配当は一ドル二〇セントまで回復した。残りの一万四〇〇〇株からの配当所得は、一万六〇〇〇ドルになった。これで彼女は生き延びることができたが、こんな状況は、彼女が長期計画で心に描いていたものでは決してなかった。

＊＊＊

ジェシー・リバモアは次のように書いている。「私が（短期的な）投機によって失ったお金は、一度投資したらそのままにしておく、いわゆる投資家といわれる人たちによる巨額の損失よりも小さいものであると信じている。私の見方では（長期）投資家は大いなるギャンブラーである。彼らは、賭けたままそれを持ち続けるので、うまくいかないと、すべてを失う可能性がある。賢明な投機家は、迅速に行動することによって、損失を最小限に抑えるものだ」

すでに見てきたように、リバモアは一〇〇パーセント成功した投機家ではない。彼は、四回大儲けしただけでなく、四回とも財産を失い、最後には、精神の暗闇の中で命を落とした。しかし、彼の投機エンジンにちゃんとオイルがさしてあって、正しく調整されていたときには、ロールスロイスのように快走したものだ。彼の言葉には耳を傾ける価値がある。「長期投資家は大いなるギャンブラーである」という彼の言葉に、注意を払うべきである。

確かにその通りである。明日に賭けることだけでも十分に危険なのに、二〇年後や三〇年後のある日に賭けることなど、完全に狂っている。

長期投資は、これまでに見てきた多くの誤った考え方と同じように、魅力を持っている。主な魅力は、おそらくは苦痛を伴う決断を頻繁に下す必要から解放されることだ。長期投資では、たった一つの決断を下せばいい。「私はこれを買って、ずっと持ち続ける」。そして、あとはリラックスして過ごすのだ。これは、われわれの誰もが持ち合わせている二つの習性、怠惰と臆病に迎合するものだ。そのうえ、長期の蓄えと長期計画が結合することによって、心地よい状態にどっぷりと浸かった感覚を与えてくれる。あなたの人生はすべて保証されたも同然だ。あなたを脅かすものは何もない。あなたはそう思うだろう。

長期投資のもう一つの魅力は、証券会社に支払う手数料を節約できることである。株式、通貨、あるいは不動産などの資産は、より頻繁に売買するほど、手数料によって、その価値が削り取られてしまう。けれども、手数料が高額になる不動産取引を除けば、ほとんどの投機の取引における手数料は、ブヨに刺される程度の痛みしかもたらさない。それでも、多くの長期投資家は、自分たちを正当化するために、手数料を持ち出す。

証券会社は、あなたが長期投資家であるよりも、フットワークが軽く、敏速な投機家であることを望む。あなたが動けば動くほど、証券会社が儲かるからだ。この点においては、証券会社とあなたの利害は完全に合致する。

根を下ろしてはいけない。すべての投資は、少なくとも三ヵ月ごとに再評価して、投資を継続することが正当化できるかどうかを確認しなければならない。次のように自問し続けるのだ。「その投資を、いま初めて行なうとしても、同じようにお金を投じるだろうか？　当初に設定した手仕舞いポイントに向かって、順調に価値を増しているだろうか？」

もちろん、フットワークを軽くするためだけに、頻繁に売買を繰り返す必要などない。けれども、もし、最初に投資してから状況が変化し価値が下落したとき、または、手仕舞いポイントが近づくのではなく遠ざかっているとき、あるいは、状況が変化した結果として、より有望な別の投資機会が見えたときには、あなたは行動を起こさなければならない。

＊＊＊

長期間、蓄えの上にじっと座っていたいという気持ちは、怠慢や臆病などの自分自身の問題だけから生じるのではない。私たちを取り巻く業界からの強力な圧力も、そうした気持ちを後押しする。

たとえば、大手の上場企業は、従業員が定期的に自社株に投資できる、魅力的に聞こえる制度を用意している。あなたは一定の金額を毎月投資するように契約し、それがあなたにとって容易になるように、給料からその金額を天引きすることにより、自動的に株を購入する仕組みが提供されている。あなたは実際にお金を見ることはない。実に苦痛のない投資だ！

おそらく、彼らはそう言いたいのだ。この種の制度は、あなたが根を下ろしたいと考えてはいない場所に、根を下ろさせることになる。その結果はどうだろう、たとえば、過去二〇年にわたりGM株へ長期投資することの意味は何だったのだろう。GM株は一九七一年に約九〇ドルで売買されていたが、その後、株価はその水準に近づいたことはない。

さまざまな投機対象を扱う証券会社や取引業者も、彼らが「便利な」と呼ぶ月次投資プランを提供している。それを始めると、あなたが指定した投機対象を、毎月、同じ金額だけ買うことになる。これは、あなたを長期投資に容赦なく閉じ込めるものではないが、その傾向はある。危険なのは、あなたに長期計画を作らせようとすることだ。「毎月Xドルずつ、ヘイ・ワオ・エレクトロニクス株に投資したとして、株価が年間穏やかに一〇パーセントずつ上昇すると、六五歳になったときには、私はX〇〇〇ドル持っていることになる！ 私は金持ちになれる！」

友よ、そんなことを当てにしてはならない。

投資信託の営業マンも、欲に目が眩《くら》んだあなたの前に、多くの魅惑的な長期投資の甘言を並べる。信託銀行も便利な月掛けの投資プランを提供している。過去二〇年間、彼らのプランを利用していたとしたら、投資収益がどれほどすばらしいものであったかを示す、四色刷りのチャートを送ってくるだろう。たとえ過去のパフォーマンスがとても悲惨なもので、どんなに便利なチャートを使ってもごまかすことができなければ、彼らは、将来の投資収益がどんなにすばらしいかを予想したチャートを送ってくるだろう。

保険会社も忘れてはいけない。保険は、恐ろしく複雑な世界である。しかし、必要な点だけに絞って言うと、大まかに二種類の生命保険が存在している。長期投資としてあなたに根を下ろさせるものと、そうでないもの。私の助言は、前者を避けろというものだ。

終身保険などと呼ばれる長期保険は、二つの目的のために設計されている。死んだときに受取人にお金を支払うこと。そして、あらかじめ決められた年齢を超えて生きていた場合には、あなたに年金か一時金を支払うこと。いろいろ組み合わせると唖然とするほどの種類があるが、共通しているのは非常にコストが高いということである。

愛想がよく、保守的な身なりをした営業マンは、あなたの家のコーヒーテーブルの上にチャートを広げ、うやうやしい調子で長期計画について話しながら、心底から、あなたにこの種の生命保険を買ってもらいたいと考えている。あなたが契約すると、彼には途方もない金額の手数料が転がり込む。この取引は、あなたのお金を二〇年か三〇年にわたって拘束することになるのだが、営業マンはきわめて短期間のうちにお金を手にすることができる。おそらく、彼は、この三〇年契約に対する手数料のかなりの部分を、最初の一年か二年で先取り手数料として手にするだろう。

保険会社の言い分は、あなたは保険を買っているのではなく保険に投資しているのだ、というものである。もし、すべてがうまくいけば、いずれは投資した金額の大部分を取り戻すことができるだろう。万が一、あなたが予想より早く死んでしまったとしても、あなたの家族が保険金を受け取れる。なんてすばらしいことだ！

決してすばらしくはない。営業マンが求めているのは、狂った行為である。遠い遠い将来に向けて、毎年毎年、何千ドルも投資する約束である。そんな遠い将来において世の中がどう変わっているかなど、どうやって知ることができるだろうか。今日、目の前の保険や年金に、いまから一〇年あるいは二〇年もの間、お金を投資しておきたいなどと、なぜ決断することができるのだろうか。世の中が予想もつかない変化を遂げ、その保険や年金を価値のないものにしてしまうかもしれない。それならば、なぜ、身動きがとれないように自分を拘束する必要があるのだろうか。

もし、あなたなしでは経済的な問題を抱えることになる扶養家族がいるなら、一番安い定期保険を買って守ればよい。これは、あなたが死亡したら保険金を支払うもので、それが唯一の目的である。あなたを縛りつけたりはしない。扶養家族がそれを必要としなくなったり、あなたの人生にほかの変化が起こったら、契約を解除して、保険料を支払うのをやめればよい。保険料は安いので、あなたは、保険以外の投機対象にお金を回すことができる。

将来についてわかることは、それはいずれやって来るということだけだ。あなたは、その姿をいま見ることはできないが、少なくとも、いずれ訪れるかもしれない好機や危険に対して、正しく反応するための準備をすることはできる。何も準備せずに、ただやられてしまうのは馬鹿げている。

●投機戦略

十二番目の、そして最後の公理は、自分が見ることのできない将来を計画する無益と危険について警告している。長期契約や長期投資に根を下ろしてはいけない。何かが実際に起こったときに、反応すべきだ。好機が到来したらお金を投資し、危険が不気味に現れたら、撤退するのだ。こうした対応を可能にする、進退の自由を大切にすべきだ。自由を失って、ため息をついてはならない。

第十二の公理は、必要な長期資産計画は一つだけだと説いている。それは、金持ちになろうとする意志だ。金持ちになる方法など知る由もない。計画することはできないのだ。あなたは、どうにかしてそれを成し遂げるしかない。

監訳者あとがき

本書は、『The Zurich Axioms』の翻訳である。初版は一九八五年に出ている。金融業界では非常に有名な本で、ご存知の人も多いだろう。いままで翻訳が出ていないのが不思議なほどだ。たとえば、『ラリー・ウィリアムズの相場で儲ける法』には、「これはエドウィン・ルフェーブルの著した『欲望と幻想の市場―伝説の投機王リバモア』の一九八〇年代版である。この書物は読者自身の正体を暴くばかりではなく、スイスの銀行家たちの投資の秘訣も授けてくれるだろう。一度読んだら、他の人にも絶対に薦めたくなる良書である」とある。

以前から気になっていた本なのだが、いつか読もうと思いつつ、そのまま記憶の底に紛れ込んだままとなっていた。その日本語版をいまになって出版することになったのには、ちょっとした経緯がある。

二〇〇五年五月、ラリー・ウィリアムズの講演会に招かれて行ったのだが、その質疑応答の時間に司会者が、「本日は、『ラリー・ウィリアムズの相場で儲ける法』の訳者である林康史さんが会場に来られています。どこにおられますか？　林さんからも何か質問してください」とアナウンスし、マイクを渡された。事前に考えておらず、たいした質問も思い浮かばなかった私は困って、「ご無沙汰しています。さて、『相場で儲ける法』の巻末に推薦文献が載っています。すでに本が書かれてから二〇年近くが経っていますが、その間に出版された中でお薦めの本はありますか?」と聞くのがやっとだった。

私の質問に、ラリーは指で眉の辺りを撫でながらしばらく考えた末に、こう答えた。

「新しいものではありませんが、『The Zurich Axioms』でしょう。いまでも年に一回は読み返しています」

確かに新しくはない。前述のように『相場で儲ける法』の巻末にもすでに紹介してあるのだ。私は、古い本だなと思い、謝辞を述べて座った。結果的には、それがきっかけだった。後日、講演を聞いていた出版社の編集者から連絡があり、翻訳権を取得したので私に訳さないかという。読んでみると、もろ手を挙げて賛成とはいかない部分もごくわずかにあるものの、問題意識、観察、分析、結論、わかりやすさといった諸々の点を評価して、「とても」とか「非常に」といった言葉では言い表せないくらいの良書だと思わざるをえなかった。ただわかりやすいというばかりでなく、その背後にある著者の知性を感じさせる。ラリーが「いまでも年に一回は読み返す」と言った意味がよくわかった。

日本語版に賛を書いてほしいとラリーに頼んだところ、「本当に版権を取得したのか? 自分もかつて版権を買い取ろうとしたことがあって、交渉したが駄目だった」という驚き混じりのメールが返ってきた。もちろん、版権と翻訳権は違うのだが、ラリーが買い取りたいと思ったほどいい本だということがわかった。

残念ながら、長文の賛は書いてはもらえずじまいだったが、届いたメールには一行のみだがコメントが付されていた。長文を期待していた私は「なんだ一行ぽっちか」とがっかりしつつも、ラリーが言いたいことが凝縮されていて、ほかに何も付け加える必要がないのだと思い直した。私は、その一文を何度も読み返した。声にも出してみた。

This is the best book I've ever read on the art of being a speculator.

「投機家であることというアートについて、私がこれまでに読んだ中で最高の本である」

〝the best book〟というだけで〝one of〟もついていない。つまり、唯一の、最高の一冊なのだ。〝being a speculator〟(投機家であること)が、同格の〝of〟で〝art〟と結びつけられている。「投機家であること」という「アート」……私はあらためて唸った。

監訳をしながらというよりも、一読者としてマーカーを手に線を引きつつ、私は本書を熟読した。

本書の良さは、読めばわかることだが、少しだけ触れておきたい。とても具体的なのだ。たとえば第七の公理「直観について」。投機においても直観は大事だという。そういった話は普通の投資本にも書かれてある。しかし、閃きを信じて行動できないことも多いし、行動して失敗することもある。閃いたことが直観なのか夢想なのかの見極めが大事なのである。寡聞にして、そこまで言及してある本を知らない。しかも本書にはテストも述べられている。直観が訪れたときには、「自分は、この問題について、十分に知識を蓄え、考えてきたのか?」と自問すればよいのだ。答えがイエスだったら、直観を重んじよというわけだ。このテストは、相場に限らず人生全般で利用可能だろう。

占いについては、「迷信を追い払う必要はない。適当な所に置くことができれば楽しめる」（副公理XIII）と述べている。楽しんでいることを認識したうえで楽しめばいいということなのだ。

一つ一つ挙げていくと、一二の公理と一六の副公理のすべてを紹介しなければならないのでやめておくが、いずれの公理も解説のために具体例が紹介されており、それらは読者にとって身につまされるものであるばかりでなく、マネーに対する心理バイアスや、行動経済学の研究対象としてもとても興味深い事例となっている。本書を読んだマーケットのプロである友人たちが「すごく勉強になった」「教わることが多かった」と異口同音に言うほど、公理も、また、挙げられている例もすばらしい。心底、そう思う。ラリーは「この本の賛を書くというのは光栄なことだ」と言っていたが、私も監訳者として名を連ねることができて嬉しい。

マーケット関係者に限らず、相場あるいは人生の指南書として世の中の人に広く読んでいただけるものと思う。

最後になったが、本書もさまざまな人の縁や協力があって上梓することができた。長沢正樹氏にラリー・ウィリアムズの講演に呼んでいただくことがなければ、本書を読むことはなかったかもしれない。シドニー在住の福重嘉徳氏は丁寧に訳文を読んでくださり、重要な指摘をいくつもいただいた。浜田陽二氏、宮川修子氏、山田稔氏にも、貴重なコメントをいただいた。日経BP社の西村裕氏には、毎度のことながら、最後の最後までご迷惑をかけ続けた。記して感謝したい。

二〇〇五年十二月一日
大崎の研究室にて
林　康史

■著者
マックス・ギュンター（Max Gunther）
投資家。かつてスイス銀行界で幅を利かせていた金融マフィア［チューリッヒの小鬼］の１人を父に持つ。13歳で株式マーケットに参入し、財を成す。

■監訳者
林　康史（Hayashi Yasushi）
立正大学経済学部教授。大阪大学法学部卒、東京大学修士（法学）。クボタ、住友生命、大和投資信託、あおぞら銀行を経て、2005年4月より現職。主な著書・訳書に、『相場としての外国為替』、『相場のこころ』（訳）、『欲望と幻想の市場』（訳）、『投資の心理学』（監訳）、以上、東洋経済新報社。『冒険投資家ジム・ロジャーズ 世界バイク紀行』（共訳）、『ギャンの相場理論』（編著）、『ラリー・ウィリアムズの相場で儲ける法』（共訳）、『はじめてのテクニカル分析』（編著）、『国際投資へのパスポート』（共訳）、『冒険投資家 ジム・ロジャーズ世界大発見』（共訳）、『大投資家ジム・ロジャーズが語る 商品の時代』（共訳）、以上、日本経済新聞社。『デイトレード マーケットで勝ち続けるための発想術』（監訳）、『基礎から学ぶデイトレード』、以上、日経ＢＰ社。『天才数学者、株にハマる』（共訳）、『カジノ大全』（序）、以上、ダイヤモンド社。『株価が読めるチャート分析入門』 かんき出版。『エリオット波動』（監修） 日本証券新聞社。『金持ち父さんの投資ガイド 入門編・上級編』（共訳） 筑摩書房。『図説 マネーの心理学』（編） 三笠書房。『「夢」が実現する かんたん！マネー・ノート』（共著） 宝島社など、多数。

■翻訳者
石川由美子（Ishikawa Yumiko）
（株）トーキョー・インベスター・ネットワーク代表取締役。上智大学卒、法政大学修士（経済学）。カザノブ証券（Cazenove & Co.）、スタンダード・アンド・プアーズMMSを経て、1996年11月に株式会社トーキョー・インベスター・ネットワークを設立、代表取締役に就任。個人投資家向け投資信託ポータルサイト「投信資料館」（http://www.toushin.com） を運営。著書に『シナリオで選ぶ投資信託』WAVE出版、『テキスト 確定拠出型年金と資産運用』（編著） 日本法令、『投資信託のポイントはこれだ！』（日本法令） など。

マネーの公理

スイスの銀行家に学ぶ儲けのルール

発行日　二〇〇五年一二月二六日　第一版第一刷発行
　　　　二〇二一年八月二五日　　　第一三刷

著者　マックス・ギュンター
監訳　林　康史
翻訳　石川由美子
発行者　村上広樹
発行所　日経ＢＰ社
発売所　日経ＢＰマーケティング
　　　　郵便番号　一〇五－八三〇八
　　　　東京都港区虎ノ門四－三－一二
装丁　間村俊一
本文デザイン　内田隆史
印刷・製本　中央精版印刷株式会社

Printed in Japan　ISBN 4-8222-4469-5

本書籍に関するお問い合わせ、ご連絡は下記にて承ります。
https://nkbp.jp/booksQA